OHSAMA BUNKO

「世界のすごい人」が使った心理学

清田予紀

三笠書房

はじめに──チャンスも人の心もお金もつかむ「心理学の使いかた」

人の心理とは不思議なもの。

必ずしも理にかなった考え方をし、行動するとは限りません。

他人から見ればムダと思えることに執着するかと思えば、気まぐれにやめてしまうこともあります。正しいもの、力のあるものに熱狂する時もあれば、それらに反発したくなる時もあります。

私たちは日々、そんな人間心理のアヤに振り回されながら暮らしていますが、それは歴史上にまばゆいばかりの実績と名を残した人々とて同じこと。

彼らだって同じ人間です。思いのままにならない自分の心と格闘する日々を送っていたに違いありません。

なのに、彼らは人類の長い歴史の1ページにその名を刻むことができました。

なぜでしょう。

その一因は、彼らが意識するしないにかかわらず、心理学の法則に合致した行動を取ったからだと思われます。

心理学は、人の心の不思議を解き明かし、そこにある種の規則性や法則性を見出す学問といえます。それを有効に活用することができれば、成功の近道になる可能性があるのです。

実際、彼らが何事かを成し遂げるまでの軌跡を現代の心理学の知見《ちけん》に当てはめてみると、その言動には人の心を動かす仕掛けが見え隠れしています。

たとえば、日本古代史の最大級のミステリー邪馬台国《やまたいこく》とその女王・卑弥呼《ひみこ》。彼女の存在は秘密のベールに包まれていますが、その姿を心理学のメガネを通して見てみると、秘密のベールにこそ彼女の存在を嫌が上にも際立たせた理由が透《す》けて見えてきます。

また、新大陸を発見したコロンブス。その功績を妬《ねた》む人たちを前に、彼は〝あること〟をしてみせました。心理学的に見ると、そこにはSNS時代に生きる私たちも直面しそうな「炎上問題」を救うヒントがありそうです。

アメリカの紙幣にもその肖像画が描かれているベンジャミン・フランクリンや、行動派の作家アーネスト・ヘミングウェイに至っては、体験を通して独自の心理法則を編み出してもいます。その法則には、現代の心理学者もお墨つきを与えているほどです。さすが〝世界のすごい人〟は、やることなすこと規格外です。

もちろん、そんな〝世界のすごい人たち〟が生きていた頃と今とでは、時代のスピードも情報伝達の手段も違います。

けれど、**人の心は今も昔もそれほど変わってはいません。デリケートな心を持つ同じ人間です。**

ですから、先人たちが活用し、駆使《くし》してきた心理テクニックは、現代の私たちにも大いに参考になるはずです。

本書には、古今東西の50人の先人たちの心理学的な経験則が詰め込まれています。それを読んでいただき、もつれにもつれた人間関係を解きほぐすヒントにしていただければ幸いです。

清田 予紀

もくじ

1章 「こう思われたい」を実現するのは、超カンタン！

——セルフプロデュースに最適な心理学

2章 「相手の心をつかむ方法」教えます
——いざという時に使えるメンタルテクニック

3章

マイナスを「プラス」にするにもコツがいる
——心配、不安、困りごとを「力に変える」ワザ

4章

それは偶然か？　必然か？

——世紀の大発見、大勝利、偉大な作品……すべてに理由がある！

5章

もっと「生きやすい自分」に！

――心理学が見つけた「幸せへの最短ルート」

1章

「こう思われたい」を実現するのは、超カンタン！

――セルフプロデュースに最適な心理学

「マスク一つ」で誰もが美女化!?

卑弥呼

卑弥呼は、古代の日本人としては存在が確認されている稀有《けう》な存在です。

卑弥呼が歴史の表舞台に登場するのは、3世紀の前半。当時の日本は、数十の小さな国に分かれており、国同士の争いが絶えませんでした。

しかし、「邪馬台国」が卑弥呼を女王に立てて連合政権をつくったところ、争いは収まり、人々の暮らしも安定したといわれています。

争いごとが鎮《しず》まったのは、卑弥呼の持つカリスマ性・神秘の力が人々を魅了したからだと考えられています。

卑弥呼は「鬼道《きどう》」という呪術《じゅじゅつ》の使い手、いわゆる霊能力者だったのです。そのせいか、漫画などに描かれる卑弥呼は、民衆を魅了する絶世の美女として描かれることが多いもの。

では、実際はどうだったのでしょう。

実は、日本の歴史書に卑弥呼の名は一切登場しません。なのにその存在が明らかになっているのは、中国の歴史書『三国志』に記述があるからです。

三国志は、魏《ぎ》・呉《ご》・蜀《しょく》の三つの国の歴史を記録した書物。その中の魏国にかかわる事柄を記《しる》した『魏書』の中に、倭人《わじん》（日本人）について紹介する部分があり、卑弥呼という倭の女王が魏に使者を送ってきたことや、その時に伝わった日本の様子などが記されているのです。

それによると、卑弥呼は絶世の美女とはほど遠い女性だったようです。

なにしろかなりの高齢で、独《ひと》り身で、宮殿の奥に引きこもったまま、ひたすら占いに明け暮れる日々で、ほとんど人前に姿を現わさなかったといいます。

しかも、占いの結果を伝えるのは弟の役目で、人々は卑弥呼の姿を見ることすらできなかったのだとか。食事の世話などもすべて弟がこなし、世話係の女性たちでさえなかなか近づけませんでした。身近にいる人たちでさえそうでしたから、民衆からすればとても**ミステリアスな存在**だったことでしょう。

ただ、このことは卑弥呼や、卑弥呼を偶像化したい近習《きんじゅう》たちにとってはプラスに働いたと思われます。

卑弥呼は、占いで自分たちの未来を教えてくれる霊力を持った神のような存在です。それにミステリアスさが加わるのですから、占いの神秘性をより高めていたと思われるからです。


「夜目《よめ》、遠目《とおめ》、笠《かさ》の内《うち》」という言葉を耳にしたことがあるのでは？　これは、暗がりや遠いところ、また笠などで顔が隠れてよく見えないと、その相手（おもに女性）が美人に見えることを指す言葉です。

心理学では**『ゲシュタルト効果』**と呼ばれている現象ですが、**対象がよく見えなかったり、部分的に隠れていたりしても、人は過去の経験などから見えない部分を勝手に想像して自分のイメージに合った像をつくり上げてしまうこと**をいいます。つまり、相手の女性がぼんやりとしか確認できない時、男性は自分のイメージに合った美人像を勝手につくり上げてしまうということです。

コロナ禍《か》では、街はマスクをしている人々であふれかえりましたが、それと同時に〝マスク美人〟も大量に増産されました。それもこれも、見えている目の印象から顔の全体像をイメージしてしまう『ゲシュタルト効果』が働いたおかげなのでしょう。

マスクをした女性が美しく見えることに関しては、心理学者も大いに関心を示し、ポルトガルの社会心理学者ダイアナ・オルギアン等はそれを実験で証明し、イギリスの科学誌『サイエンティフィック・リポーツ』に論文を発表した（2020）ほどです。

私たちは他人の顔の欠けている情報を補《おぎな》う時、よりポジティブに妄想《もうそう》を働かせる傾向があるということです。その効果は、大衆が卑弥呼像をイメージする時にも大いに発揮されたと思われます。

「深窓《しんそう》の麗人《れいじん》」という言葉もあるように、宮殿の奥の奥に潜《ひそ》んでいて、ごくまれにしか見かけることのない卑弥呼は、周囲の人たちには神々《こうごう》しく、それはそれは美しく見えたのではないでしょうか。それが噂《うわさ》として民衆に広まっても不思議ではありませんよね。

そうやって、卑弥呼＝美女伝説は後世にまで伝わったのではないかと思うのですが、いかがでしょう。

〝映える効果〟を狙って生かす

ジョン・F・ケネディ

43歳の若さでアメリカ合衆国第35代大統領に就任し、そのわずか2年10カ月後に暗殺されてしまったのが、JFKことジョン・F・ケネディ。

若くてスタイリッシュ、また卓越《たくえつ》した政治手腕で一触即発《いっしょくそくはつ》のキューバ危機を乗り越え、しかも人類を月へ送る計画を発表するなど、夢と希望を与えた大統領として今でも絶大な人気を博している人物です。

そんなJFKも、1960年の大統領選挙では当初、苦戦を強《し》いられていました。

マサチューセッツ州の上院議員で、民主党の大統領候補に選ばれたものの、知名度はイマイチ。

一方の共和党の大統領候補は、現職の副大統領で政治経験も豊富なリチャード・ニクソン。その知名度を生かして選挙戦中盤の9月まではケネディに6ポイントほどの差をつけて有利な選挙戦を展開していました。

ＪＦＫは43歳という若さが売り物の一つでしたが、実はニクソンも当時まだ47歳。若さでもそんなに引けは取っていなかったのです。


その情勢を一気に覆《くつがえ》したのが、9月26日に行なわれた史上初のテレビ討論会でした。

テレビという新しいメディアの重要性を認識していたケネディとその陣営は、どうすれば自分という存在を際立《きわだ》たせることができるかを入念に研究しました。今風にいえば〝映《ば》える〟自分になろうとしたのです。

当時はまだ白黒テレビの時代。**明暗をくっきりさせるほうが〝映える〟ことを知ったＪＦＫは、黒に近い濃紺のスーツに赤いネクタイを選びました。**シャツは直前でテレビ画面に反射しすぎる白をやめ、薄いブルーにしました。

そして、顔にはメイクを施《ほどこ》し、終始笑顔を絶やさないように努めました。視聴者に「若き有能なリーダー」としての自分をアピールしたのです。

対するニクソンは、白黒テレビではぼやけて見えるグレーのスーツと色の薄いネクタイを着用していました。

また、全米を強行軍で遊説していたためにお疲れ気味で顔色は悪く、メイクは「軟弱な男のするもの」と拒否して登場したので、テレビ画面ではさらに印象が悪くなりました。

このテレビ討論会は、全米で約7000万人が視聴したといいます。

結果は興味深いものでした。

討論会をラジオで聞いていた人たちは、「ニクソンのほうが有能」「ニクソン優勢」と判断した人が過半数だったのに、テレビの視聴者は「断然、ケネディ」「次の大統領はケネディがふさわしい」と判断した人が多数を占めたのです。

時代はラジオからテレビへの移行期でしたから、この結果が物を言い、選挙戦は一気にJFK有利となり、最終的に勝利をつかむことにもなりました。

『コントラスト効果』という心理学用語があります。

二つ、あるいはそれ以上の物事を比べた時に差があると、実際の差より大きな

差として感じられるという心理的現象をいいます。

たとえば、10万円の値札のついた腕時計はそれだけだと高く感じますが、100万円クラスの腕時計が並ぶ中に陳列されていれば安く感じてしまいます。

このコントラスト効果がＪＦＫとニクソンが並んだ時にも働いたと思われます。地味なニクソンはより地味に見え、輝く笑顔のＪＦＫはより輝いて見えたのではないでしょうか。

実際、ある視聴者は「ニクソンは40歳くらい年上に見えた」とインタビューに答えたそうですから、見た目の印象の差は相当なものがあったのでしょう。

また、討論会を実際に見た人たちには、ＪＦＫのしていた赤いネクタイが印象に残ったそうです。赤は色彩心理学的にパワフルで力強いイメージを与える色。一国のリーダーにピッタリの色といえます。

それ以降、アメリカでは赤ネクタイは「パワータイ」と呼ばれ、選挙を控えた政治家はこぞって着用するようになったというのは有名な話です。

「やっちゃダメ！」と言われるほど……

ヒッチコック

20世紀が生んだ映画界の巨匠というと、映画ファンならすぐ何人かの名前が思い浮かぶと思いますが、不安と恐怖に彩られた〝サスペンス映画の巨匠〟となると、アルフレッド・ヒッチコック監督を筆頭に挙《あ》げる人が多いのではないでしょうか。

アカデミー賞最優秀作品賞を受賞した『レベッカ』（1940）をはじめ、『めまい』（1958）、『北北西に進路を取れ』（1959）、『サイコ』（1960）、『鳥』（1963）、『フレンジー』（1972）と傑作を次々と世に送り出した人で、観客を終始ハラハラさせながら自在にその気持ちを誘導するワザは「ヒッチコック・タッチ」と呼ばれ、世界中の映画ファンを魅了しました。

サスペンスという言葉は、英語のsuspend（サスペンド＝吊るす）に由来しています。つまり精神的に宙ぶらりんの状態になって、不安感やハラハラ感が持続するのがサスペンス映画だということ。

その状態をつくり出すためにヒッチコック監督が大いに参考にし、貪欲《どんよく》に活用したのが心理学でした。

どうすれば不安と恐怖を高められるかを自ら研究し、それだけでは飽《あ》き足らずに心理学者をアドバイザーに起用したり、心理学を専攻した脚本家を雇ったりしたほどでした。

また、『白い恐怖』（1945）という映画では、フロイト博士に傾倒して心理学にも造詣《ぞうけい》の深かった芸術家のサルバドール・ダリに頼み込んで、不安を高める背景画まで描いてもらう念の入れようでした。

そんなヒッチコックが、彼の代表作の一つである『サイコ』で面白い心理トリックを仕掛けたのでご紹介しましょう。

それは、心理学用語でいう『**カリギュラ効果**』を使ったものでした。

『カリギュラ効果』とは、**禁止されればされるほど、ついその行為をしてしまいたくなる心理のこと。**

あなたは非常ボタンを押してみたい衝動に駆《か》られたことはないでしょうか。

また、ダイエット中なのに甘いものに手が伸びてしまった経験はないでしょうか。

それもこれも、この心理が働くからです。

「大物俳優Tと新人歌手Sの不倫疑惑」といった記事のように、イニシャルだけで本名が隠されると、かえって興味をそそられるのもこの効果のなせるワザ。

名前の由来となったカリギュラとは、古代ローマ帝国の皇帝の中でも、自己チュウで冷酷無比な暴君として知られる人物の名。

その皇帝の生涯を描いたアメリカ映画『カリギュラ』（1980）の内容があまりにも過激だったために、州によっては公開禁止になったほどです。

でも、それがかえって世間の関心を呼び、是《ぜ》が非《ひ》でも観《み》たいという人が、公開されている州に殺到するという出来事があったのです。それにちなんで、この心理学用語が生まれたというわけ。

ヒッチコック監督がこの効果を仕掛けたのは、映画の中ではありません。入場券の裏にこっそりと、こう印刷したのです。

「この映画の結末は誰にも教えないでください」

この効果は驚くほど絶大でした。

禁止されたために、映画を観た人が「結末を教えたいんだけど、言えないんだよね」と、口々にふれまわってくれたおかげで噂が広まり、映画は空前の大ヒットを収めたのです。

今でこそ当たり前に使われている手法ですが、当時としては画期的な宣伝法でした。ヒッチコック監督は、クチコミの威力を十分にご存じだったということです。

ネット社会の今、情報の拡散量や速度は当時の比ではありません。あなたがSNSでわざと「これは絶対に秘密だからね」と最後に念を押すだけで、その情報は瞬時にすごい勢いで拡散していくということ。

あなたが意中の人との関係を公然の秘密にしたいのなら、ちょっと口の軽そうな友人に「このことは内緒にしておいてね」とひと言添えればいいということです。

見た目の「ギャップ萌え」

チャップリン

「人生はクローズアップで見れば悲劇だが、ロングショットで見れば喜劇だ」

喜劇王といわれたチャップリンの言葉です。

その作品は笑いと滑稽味《こっけいみ》にあふれていますが、それだけではなく社会風刺《ふうし》や庶民生活の哀愁《あいしゅう》までも映画に盛り込まれていた点で、同時代の喜劇作家の作品とは一線を画しています。

チャップリンは芸人の両親のもと、ロンドンの下町で生まれました。5歳で初舞台を踏みますが、それは声の出なくなった母親の代わりを務めるためでした。以来、一座の人気者になりますが、やがて父はアルコール依存症で死去。母は心の病気で施設に収容されてしまいます。

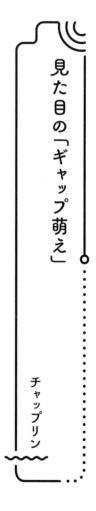

貧困と孤独の中、チャップリン少年は学校へも行かずに、仕事を転々としながらホールで人を笑わせる芸を磨いていきます。

そんな十代を過ごしたからこそ、チャップリンの芸には笑いの底にペーソス（哀愁）や風刺の精神が漂《ただよ》っているのかもしれませんね。

イギリスで人気を確立したチャップリンは、24歳で渡米。映画出演で頭角を現わし、ハリウッドへ進出します。

それからの活躍ぶりは〝喜劇王〟の名にふさわしいものでした。

特に、最初の長編映画である『キッド』（1921）は、チャップリンの幼少時代の貧困経験が生かされた作品に仕上がっていて、「笑い」に「涙」を組み合わせたことでアメリカだけでなく50カ国以上で大ヒットを飛ばしました。

そんな**チャップリンのトレードマークといえば、山高帽《やまたかぼう》にステッキとちょびヒゲ、窮屈《きゅうくつ》な上着に太めのズボン、そしてドタ靴という姿。**

そのスタイルは、チャップリンの機転から生まれたものだったそうです。

アメリカに来て2作目の映画の撮影中のこと。ドタバタコメディなのに面白いアイデアが出てこないと悩む監督のせいで、現場の雰囲気は最悪。

それを見かねたチャップリン、何を思ったかスタジオを飛び出し、衣裳《いしょう》部屋へ駆け込んでいきました。

そして、戻ってきた時に身に着けていたのがあの出《い》で立ちだったのです。

目を丸くする監督や笑いをこらえて吹き出しそうになるスタッフたちに、チャップリンはこう力説したのだとか。

「小さな口ヒゲは虚栄心。だぶだぶなズボンは人間の不器用さ。大きなドタ靴は貧困の象徴。窮屈な上着は貧しくても品よく見せたいという必死のプライドを表わしてるんです」

この「ちょっと見にはイギリス紳士っぽく見えるけれど、よく見ると服のサイズは体に合っていないし、あちこち縫い目がほつれていて、ホームレス感が漂っている」という出で立ちは、思いのほか好評でした。

そして、その姿でハチャメチャな演技をするチャップリンを見て、観客は大爆笑。結局、この出で立ちが功を奏して喜劇役者としてのキャラクターが固まり、この後チャップリンはスター街道をばく進していくことになるのです。

この出で立ちが好評を博した理由を心理学的に検証してみると、『**ゲインロス**

効果』がうまく働いたからではないかと思われます。**これは、プラスとマイナスの変化量が大きいほど、人の心に影響を与える度合いが大きくなる効果のこと。**

最近の若者言葉に〝ギャップ萌《も》え〟というのがありますが、ギャップが大きいほど印象に残り、それが魅力になることがあるんですね。

チャップリンの出で立ちでいうと、そのギャップは次のようになります。

《プラス》
山高帽、ステッキ、燕尾服《えんびふく》はどれもイギリス紳士を思わせる。
《マイナス》
汚れた上着は窮屈でズボンはだぶだぶ。デカいドタ靴姿は放浪者然としている。

一見すると上品なファッションを着崩すことでギャップが生まれて、よい意味での格好悪さや面白味が出てくる。だから世間ウケもよかったのだと思われます。

程度にもよりますが、「上品なものをキメ過ぎないで着る」センスは、ファッションを考える上で私たちにも大いに参考になるのではないでしょうか。

睡眠不足を「できない言い訳」にしないために

ナポレオン

フランスで「歴史上最も誇れる自国の英雄は誰？」といったアンケートを行なった時、常にトップの座を譲らないのがナポレオンなのだとか。

ナポレオン・ボナパルトは、君主制を打倒した革命（1789）後のフランスの混乱期に颯爽《さっそう》と登場した若き英雄でした。独立の象徴である青・白・赤の三色旗（トリコロール）をなびかせて、破竹《はちく》の勢いでヨーロッパを征服すべく駆け巡るナポレオンの姿に憧《あこが》れと尊敬の念を抱くフランス人は今も多いのでしょう。

ナポレオンは卓越した戦術とそのカリスマ性で頭角を現わし、近代戦争の礎《いしずえ》を築いた軍人で、その生涯戦績は38戦35勝と圧倒的な強さを誇っています。勝率で換算すると、92％。日本で戦いに強いイメージのある織田信長でさえ、勝率は7割程度といわれているので、改めてナポレオン軍の強さが際立っています。

また、政治家としては、ナポレオン一世としてフランス第一帝政の皇帝に即位したことでも有名です。そんな栄華を極めたナポレオンも晩年は大西洋の孤島へ流され、ひとり寂しく人生を終えてしまいますが、フランスで一時代を築き、後世に多大な影響を与えたのは確かです。

ナポレオンといえば「吾輩《わがはい》の辞書に不可能という文字はない」という名言をご存じの方も多いでしょう。絶頂期のナポレオンはそれくらい乗りに乗っていたということ。

また、**「ナポレオンの睡眠時間は3時間だった」**という話も伝説化して今に伝わっています。ナポレオンにしてみれば、「吾輩は寝る間を惜《お》しんで働き、戦った。だから、これだけの功績や戦績をあげられたのだ」と言いたかったのかも。

でも、本当に3時間で大丈夫だったのでしょうか。

かつて受験戦争が華やかなりし頃、「四当五落《よんとうごらく》」という言葉をよく耳にしました。目指す大学に合格するためには、睡眠時間を5時間も取るようではダメ。4時間以下に切り詰めないと合格はとうてい望めないという意味でよく使われました。

けれど、ナポレオンならまだしも、普通の人間にとって1日4時間の睡眠では脳は円滑《えんかつ》に働かないということが盛んに言われるようになって、この「四当五落」という言葉はあまり聞かれなくなりました。

実際、私たち人間にとって睡眠はとても大切な休息時間です。**寝ている間に、私たちは「浅い眠り（レム睡眠）」と「深い眠り（ノンレム睡眠）」を繰り返しています。**

「浅い眠り」は**「体を休ませる睡眠」**で、体は寝ているけれど、脳は半分目覚めています。その間に、脳に蓄積された記憶の強化や整理整頓《せいとん》が行なわれるし、夢も見ます。一方、「深い眠り」は**「脳を休ませる睡眠」**で、脳はすっかり機能を停止している（なので夢はほとんど見ない）けれど、体は半分起きているので寝返りを打ったりします。

この2種類の睡眠を約90分の間隔で繰り返すことで、私たちは脳と体の両方をメンテナンスしているのです。ということは、睡眠不足は脳にも体にも悪いということになりますよね。特に、受験生にとって睡眠は不可欠だということ。

下手《へた》に徹夜などをすると、脳の記憶の強化や整理整頓の機会を奪うことになります。せっかく知識を頭に詰め込んでも、脳が混乱状態で試験を受けることになるので、逆効果になってしまうというわけです。

ただし、睡眠で特に大切なのは、寝入ってから3時間の眠りだといわれていま す。その間に成長ホルモンが分泌されて細胞の新陳代謝を促《うなが》し、日中の活動で傷 ついた筋肉や内臓などを効率よく修復してくれます。しかも、脳のメンテナンス も行なわれるので、人は最低でも3時間の睡眠は必要だということです。

つまり、ナポレオンは人間に必要な最低限の睡眠は確保していたということに なります。だからなんとか頑張れたのではないでしょうか。

しかも、3時間は90分の2倍ですから、「浅い眠り」と「深い眠り」を2回繰 り返すことになります。つまり、目覚める時は「浅い眠り」であるということ。 これがとても重要。**「浅い眠り」で目覚めると脳がすぐに活動できる状態にある ので、テキパキと用をこなすことができます。**

ところが、「深い眠り」の時に、たとえば目覚ましで起きたりすると、脳が寝 ている状態なので、グズグズしてなかなか動き出すことができないのです。

そういう意味では、ナポレオンがあれだけの功績や戦績を残せたのは、3時間 睡眠のおかげだったといえるのかもしれませんね。

自分のことは「他人」のほうがよく知っている

エイブラハム・リンカーン

「人民の、人民による、人民のための政治」

この言葉で有名な、アメリカ合衆国第16代大統領のリンカーン。

1861年から1865年にかけて大統領を務め、南北戦争で北部の州を勝利に導き、南部州の奴隷《どれい》解放という偉業を成し遂げました。

首都ワシントンD.C.には、彼の功績を称《たた》えるため、生誕100周年記念として建てられたリンカーン記念堂があり、その中心には威厳《いげん》にあふれた姿の巨大なリンカーンの大理石像が鎮座しています。

その表情は一見厳しそうに思えますが、どこか穏《おだ》やかな雰囲気もあり、優しそうな目が彼の人柄を物語っているようです。

そうそう、リンカーンといえばアゴにたくわえたヒゲが印象的です。でも、大統領になる前はそのヒゲがなかったことをご存じでしょうか。

1860年、大統領選挙の真っただ中だったリンカーンのもとに、一通の手紙が届きます。手紙の主はニューヨーク州に住むグレースという名の11歳の少女でした。

彼女は父親からリンカーンの人となりを聞き、「ぜひ大統領になってほしい」と、応援の手紙を書くことにしたというのです。

リンカーンは手紙を読んで目を丸くしました。

というのも、**「あなたはヒゲを生やしたらもっとハンサムになる。ヒゲを生やしてくれるなら、4人いる兄にもあなたに投票するよう説得します」**と書いてあったから。また、「女性はヒゲを生やしたダンディーな男の人が好きだから、投票者も増えますよ」ともありました。

そういえば、リンカーンはやせていて頰《ほお》がこけています。確かにヒゲを生やしたほうがこけた部分を隠せて立派に見えるかもしれません。

けれど、リンカーンは返礼の手紙にこう書いて送ったそうです。

「興味深い提案をありがとう。でも、選挙の大事な時期にヒゲを生やしたら、国民からどう思われるか。支持を得られないかもしれない」

ヒゲは勇猛果敢なイメージを持たせることはできますが、知的なイメージで売っていた自分には不似合いだと思ったのでしょう。

すると、グレースからまた手紙が送られてきました。

「ヒゲを生やしていないあなたの顔は怖く見えるから、国民が怖がって投票しないかもしれませんよ」

子どもは正直だとはいいますが、これから国を背負って立とうという大統領候補に向かって、この物言いはすごいの一語です。

でも、この二通目の手紙がよほど心に響いたのか、その後、リンカーンはヒゲを伸ばし始めたといいます。

そして、その甲斐《かい》もあってか、見事第16代アメリカ大統領に就任したのです。

リンカーンは、「世の片隅にいる少女の、少女による、少女のための政治」を実践してみせたのかもしれませんね。

心理学に**『印象管理』**という言葉があります。

印象管理とは、**人と相対するさまざまな場面で、相手に好意的な印象を持ってもらうために行なう行動のこと**です。

人の第一印象は、出会った最初の数秒間で決まるといわれています。

『メラビアンの法則』によると、**人の印象を決める判断材料となる要素の半分以上は、視覚情報からもたらされる**とされています。

つまり、印象管理で見た目（視覚情報）をコントロールするだけで、自分を効果的にアピールできるということ。

リンカーンのように一見すると怖そうで近寄りがたい雰囲気があると、特に恋愛やビジネスシーンでは大きく損をしてしまいます。相手が萎縮《いしゅく》して円滑なコミュニケーションが取れなくなってしまう可能性があるからです。

彼のアゴヒゲは、印象管理の点でもよい効果を生んだといえるのでしょう。

憧れの人を「まね」てみるだけで

ジョン・レノン

1980年12月8日は、ザ・ビートルズのヴォーカルにして、作詞作曲も務めていたジョン・レノンが亡くなった日です。当時まだ40歳。ジョンをニューヨークの自宅前で射殺した男はジョンのファンで、当日の朝には出たばかりのアルバムにジョンからサインまでしてもらっていたといいます（現在も服役中）。

ジョンが一歳下のポール・マッカートニーを誘って始めたバンドが、後にザ・ビートルズになるわけですが、そのバンド名の名づけ親もジョンでした。

ビートルズというのですから、誰もが「かぶと虫」を連想します。「かぶと虫」のスペルは「Beetle」、でもバンド名のスペルは「Beatle」で一文字違います。

実はビートルズというバンド名は、かぶと虫の「Beetle」と音楽のビート「Beat」、この二つの単語を組み合わせた「造語」なんだとか。

でも、なぜジョンはこんな手の込んだバンド名にしたのでしょう。

それは当時、ジョンがバディ・ホリーというアメリカのミュージシャンに憧れていたからでした。

彼は「バディ・ホリー&ザ・クリケッツ」というバンドを組んでいたのですが、この「クリケッツ」というバンド名も、昆虫のコオロギ「cricket」とスポーツのクリケット「cricket」、この二つの単語のダブル・ミーニングでつくられていたのです。つまり、ジョンは憧れのバンドのまねをしたということ。

まねをすることは別に悪いことではありません。それどころか、自分の世界を築き上げるには、その時期を通過することがとても大事だといわれています。

もともと、「まねる」という言葉は「まなぶ」と関係があるそうです。「まねる」のもとをたどると「まねぶ」。「まねぶ」と「まなぶ」は同じ語源から来ているのだとか。

心理学では『**モデリング**』といいますが、それだけ**何かを学び身につけるとい**

う時には、「まねる」という行為が重要だということです。実際、ビートルズはクリケッツをはるかにしのいで世界の音楽界を席巻《せっけん》しました。

ジョンがバディ・ホリーをまねたのは、それだけではありませんでした。

ジョンは近視でしたが、メガネをかけることに強い抵抗感を持っていました。特に、ロックバンドのヴォーカルが真面目《まじめ》に見えるメガネをかけるなんてカッコ悪いと思っていたのです。

その考えが変わったのが、ホリーの存在でした。ホリーは〝メガネをかけたロックンローラー〟として堂々とステージに立っていたからです。

以来、ジョンも人前でメガネをかけることを恥だと思わなくなったといいます。

ジョンのトレードマークでもある丸メガネをかけ始めたのは、映画『How I Won the War』（1967、邦題『ジョン・レノンの僕の戦争』）から。ビートルズがライブ・ツアーを中止した頃で、ジョンとしては気分転換を兼ねての出演だったのかもしれません。

クラシックな丸メガネをかけたのは、第二次世界大戦時の兵士になるための役づくりだったと思われますが、気に入ったのか、それ以降は丸メガネはジョンの顔の一部になってしまいます。

興味深いのは、映画撮影と時を同じくして、オノ・ヨーコとつき合い始めたこと。これ以降、ジョンは「ビートルズのジョン・レノン」から、より広い意味での「アーティストとしてのジョン・レノン」へとたどる道を変えていきます。

心理学では、周囲に見せたい自分の姿のことを『ペルソナ』と呼んでいますが、ペルソナの語源は「仮面」。ジョンは〝メガネのない顔〟から〝メガネのある顔〟になることで自分の内面の変化を具体的に表現したかったのかもしれませんね。

自分のペルソナを変えたい時、つまり自分の印象を変えたい時、メガネはとても有効なツールになります。

特に、ジョンがそうであったように、知的、繊細、ユニーク、芸術肌といった印象を与えたいのなら、小さめの丸メガネは最適。

最近は、ファッションの一部として伊達《だて》メガネをかけるオシャレな人も増えています。あなたもメガネを顔の一部にしてみませんか。

心に潜む『トリックスター』を解放

スティーブ・ジョブズ

スティーブ・ジョブズといえば、マッキントッシュ、iPod、iPhoneなど、数多くの革新的な製品を生み出し、アップルを世界のトップ企業へと導いた人です。惜しくも56歳の若さで亡くなってしまいましたが、彼の存在は今なお多くの人々の心に残り続けています。

ビジネスリーダーとしてだけでなく、ひとりの人間として、その考え方や価値観、生きざまに共感し、心を震《ふる》わせた人が世界中にいたのは確かです。

また、ジョブズが生み出した製品は、私たちのライフスタイルやワークスタイルに大きな変革をもたらしただけではなく、新たな可能性や豊かさを感じさせ、時には問題提起をもたらしてもくれました。

そんなジョブズですから、印象的な言葉も数多く残してくれています。

中でも特に有名なのが2005年、亡くなる6年前にスタンフォード大学の卒業式で、社会に飛び立つ若者たちに送ったこの言葉ではないかと思います。

「いつも腹を空かせていろ。そして、いつも愚《おろ》かでいろ」

自分の心のアンテナにビビッときたことにはいつも貪欲であれ。

そして、周囲からいくら「バカバカしい」「幼稚だ」と思われようとも、やりたいことはやってみろ。

これは、きっとジョブズ自身が信条としてこだわり続けてきたことなのでしょう。実際、ジョブズは少年の頃から、この二つのことを実践していたようです。

たとえば、6歳の時、ヘアピンに本当に電気が通るかを確かめるためにヘアピンをコンセントに突っ込んでみたりしました。当然、感電して痛い思いをしたはずですが、本人はなぜか満足げだったのだとか。

また、授業中に花火をするなどヤンチャなことをするかと思えば、10歳の頃には快活で機転の利《き》く担任の女性教師のことが大好きになったおかげで、勉強にも夢中になり、飛び級で進学するほどになったのだとか。

とにかく、思い立ったらやらずにはいられない少年であったのは確かです。それがその後の成功の原動力にもなったのでしょう。

心理学者のユングによると、誰の心の奥底にも『**トリックスター**』が潜んでいるといいます。トリックスターは、もともとは〝道化師《どうけし》〟という意味。**サーカスに登場する道化師は、ひょっこり出てきたと思えば、いたずらをしたり予測不可能なことをして観客を驚かせたり笑わせたりします。**

そんな道化師が私たちの心の奥にも潜んでいる、そうユングはいうのです。

あなたも、なぜか無性に誰かをからかいたくなって、いたずらをしてしまった経験はないでしょうか。また、エレベーターに乗った時、降りる予定のない階のボタンまでつい押してしまったことはないでしょうか。

もし、あるとしたら、それはあなたの中のトリックスターが蠢《うごめ》いたからです。

子ども時代のジョブズは、きっと自分の中のトリックスターを解放しまくっていたのでしょうね。

ユングによると、いたずらのような低次元のトリックスターはただの困ったちゃんではあるけれど、高次元のトリックスターは時に社会に刺激を与え、社会を進歩させ、アッといわせる創造力を発揮するといいます。

社会に出てからのジョブズは、まさに高次元のトリックスターを発揮したからこそ、世の中に刺激を与え続けたのでしょう。

つまり、ジョブズのいう「いつも愚かでいろ」は、「いつもトリックスターを発動できるようにしていろ」という意味だったのでしょうね。

ところが、このトリックスター、社会的な常識が身につけばつくほど心の奥底に埋もれてしまって発動しにくくなっていきます。

「もういいトシをした大人なんだから」とか、「夢のようなことばかり考えていないで、もう少しまともにならないと」と、心の中にトリックスターを封じ込めてしまう人が多いのです。

もしかしたら、あなたもそうかもしれません。もし、そうだとしたら、ジョブズの言葉をもう一度読んで、よく味わってみてください。あなたの中の高次元のトリックスターが蠢き出すかもしれませんから。

創造力を爆上げするちょっとしたコツ

サルバドール・ダリ

ぐにゃりと溶けたような時計や、宙に浮いたマリア像など、夢のワンシーンを切り取ったような作品を残したのがシュルレアリスムの大家、サルバドール・ダリ。

シュルレアリスムとは、超現実主義という意味。現実を超えるほどリアルな夢や記憶のイメージ、また理性では認識できない無意識の世界を表わそうとした運動のこと。

人間の心には意識と無意識があることを発見したのは、精神科医のジークムント・フロイトでした。その著作『夢判断』は当時大ベストセラーになり評判を呼びましたが、シュルレアリスムのアーティストたちが受けた衝撃は並大抵のものではありませんでした。

というのも、自分たちが夢想していたことを、フロイトが理論体系化してくれたように感じたからです。

ダリもその例外ではありませんでした。学生時代にフロイトの『夢判断』を読んで多大な影響を受けたダリは、自分が見た悪夢を具現化できないものかと思い立ち、友人の映画監督ルイス・ブニュエルに相談を持ちかけました。

すると、ブニュエル自身が奇妙な夢を見ていたこともあって意気投合。共同で脚本を書き、映像化したのが『アンダルシアの犬』(1928)でした。

今でも上映されると話題になるほどのカルト的な魅力を持つ作品ですが、悪夢を描いているだけに観る人を選ぶ問題作かもしれません。

ダリはその後も夢の世界にこだわりを持ち、作品づくりに没頭しました。

けれど、「人」に「夢」と書いて「儚《はかな》い」と読むように、人が見た夢は時間が経つと儚く記憶の彼方《かなた》へ消えていってしまいます。

せっかく見たイマジネーション豊かな夢が消えてしまうのですから、ダリも歯がゆかったと思います。

そこは自らを〝天才〟と呼んではばからなかったダリです。なんとか消える前に夢をキャッチしようと、夢の捕獲法を独自に考え出しました。

スペイン生まれのダリはシエスタ、つまり昼寝の習慣がありましたが、それを利用したのです。

ダリの夢見法は次の要領でした。

①ひじ掛けのあるイスにゆったりと座って目を閉じる
②その際、右手にはスプーン（時には鍵）を握っておく
③リラックスして、うたた寝をする
④眠りに落ちると、握力がゆるんでスプーンが落ちて音を立てる
⑤その音で目覚めたダリは、その時夢に見ていたイメージをスケッチブックに描き写す

床には皿を置いて、落ちた時の音が大きく鳴るようにしたといいますから、用意周到です。実際、ダリはこの方法でいくつもの傑作をものにしたのだとか。

人は入眠時にも夢を見ます。その一例が「金縛《かなしば》り」。

人は眠りにつくと、意識のレベルが低下します。それと同時に筋肉も前頁の④のように弛緩《しかん》してしまいます。筋肉も眠った状態になるのです。

そのまま意識のレベルが下がってしまえば完全な眠りの状態になるのですが、ひょんなことから意識のレベルが上がって目を覚まそうとすることがあります。目が半分覚めてしまうのです。

ところが、筋肉のほうは眠ったまま。ですから、脳が動けと指令を出しても動いてくれません。その状態がいわゆる金縛り。

まったく動かない体に、人は恐怖を覚えます。恐怖を覚えると人は幻覚《げんかく》を見やすくなります。金縛り時に怖ろしい何者かに襲われそうになるのはそのせいです。なので、金縛り時に見る夢を専門用語では**『入眠時幻覚』**と呼んでいます。

ダリの絵がおどろおどろしく見えるのは、もしかしたら独特のシエスタを取るたびに金縛りにあっていたせいかもしれませんね。

あえて「できない子」を演じてみる

紫式部

紫式部《むらさきしきぶ》といえば、世界最古の女流長編小説といわれる『源氏物語』の作者として知られています。

海外でも「The Tale of Genji」として英訳され、その完成度の高さから世界中に熱烈な読者がおり、識者の認知度も高いので、もしかしたら世界で最も有名な日本人女性といえるかもしれません。

作者である紫式部は幼い頃からとても賢くて、当時の女性は学ばない漢文や漢詩もスラスラと読み書きができたといいます。

しかも、宮仕《みやづか》えを始める前から趣味で書いていた『源氏物語』が世間で評判になり、それが当時の権力者である藤原道長の耳にも入ったことで、彼女は道長の娘で一条天皇のもとへ入内《じゅだい》した彰子《しょうし》の世話役（女房《にょうぼう》）に抜擢《ばってき》されます。

そんな紫式部ですから、さぞかし周囲から注目され、ほめそやされたのかと思いきや、その実はまったくの正反対でした。

まわりの女房たちからは、インテリ気取りの嫌な女だという先入観を抱かれて、出仕《しゅっし》初日から冷たい塩対応の洗礼を受けてしまったというのです。

そのような内輪の話が今に伝わっているのは、彼女が小説とは別に『紫式部日記』という、今でいえばエッセイのようなものを書いていたから。

日記によると、**もともと乗り気でなかった宮廷出仕であった上に、人間関係でも嫌な思いをした紫式部は、ある日突然、仕事をほっぽり出して実家に帰ってしまい、そのまま引きこもってしまった**のだとか。

宮仕えというと聞こえはいいけれど、その実は古参の女房たちとの共同生活。壁のない大きな部屋を几帳《きちょう》などで仕切って使っているため、プライバシーは皆無。上下関係も厳しく、守らねばならないしきたりはごまんとあります。そんな生活は紫式部のように繊細な心の持ち主にはもともと無理があったのかも。

もしかしたら、紫式部という人は今でいう**「繊細さん」**だったのかもしれませんね。

「繊細さん」とは、**とても感受性が強く繊細な気質を生まれ持った人のことで、他の人が気づかない細かいことにもよく気づき深く考え込む性質を持っています。**

アメリカの心理学者エレイン・N・アーロン博士が1996年に提唱した概念で、そんな性質を持つ人を**HSP（Highly Sensitive Person）**と呼びました。博士によると、性別や国籍に関係なく、5人に1人はHSPの傾向を持つ人がいるそうです。

こうした気質を持つ人は職場や家庭など生活の中で気疲れしやすく、生きづらいと感じている人が多いもの。あなたやあなたのまわりにもきっといるのでは？だとしたら、引きこもってしまった紫式部の気持ちもわかるはずです。

結局、引きこもり生活は5カ月も続いたのだとか。

紫式部がどうやって気持ちに整理をつけて宮廷に戻ったのかはわかっていませんが、彼女は彼女なりに対応策を考えて出仕に踏み切ったようです。それは、最初の自分の印象とは正反対の性格の自分を演じることでした。

当初、彼女は「鼻持ちならないインテリ女」という印象を周囲に持たれていたので、今度は「物事をよく知らないけれど可愛げのある女」を演じることにしたのです。つまり、あえて「できない子」を演じ、些細《ささい》なことでも「不慣れなもので」と下手《したて》に出て、何事も上役らに尋ねるようにしたのです。

これが功を奏《そう》したのか、ギスギスした雰囲気がなくなり、先輩の女房たちともどんどん打ち解けていったのだとか。

心理学に**『初頭効果』『新近効果《しんきんこうか》』**という用語があります。

『初頭効果』とは、いわゆる**第一印象のこと**。人は相手を第一印象で認識する傾向があり、その印象は後々まで残るものです。なので、紫式部のように第一印象が悪いと、その印象が尾を引いていつまでも払拭《ふっしょく》できません。

その印象を変えてくれるのが『新近効果』です。こちらは**「最後に提示された情報のほうが印象に残りやすい」**というもの。特に、紫式部が行なったように相手にまったく違う印象を与えると、「あら、この人ってこんな一面もあったのね」と相手が態度を改めてくれるようになるのです。

もし今、あなたが紫式部のような立場にあるとしたら、この効果、試してみてはいかがでしょう。

2章

「相手の心をつかむ方法」教えます

――いざという時に使えるメンタルテクニック

うまくいってないなら、あえて「頼みごと」を

ベンジャミン・フランクリン

ベンジャミン・フランクリンはいろいろな顔を持つ人物です。

まず、12歳から印刷工として働き始め、11年後にはアメリカ初のタブロイド誌を発行するまでになった苦労人としての顔。

雷雨の中で凧《たこ》を上げて、雷の正体が電気であることを証明した気象学者・物理学者としての顔。

また、燃焼効率のよいフランクリン・ストーブの開発、避雷針《ひらいしん》、遠近両用眼鏡、グラス・ハーモニカなどの発明など発明家としての顔。

そして、政界に進出して、「アメリカ合衆国建国の父」のひとりとして、アメリカの独立宣言や憲法制定に大きな影響を与えた政治家としての顔。

それらの功績もあって、フランクリンは現在の米100ドル紙幣に肖像が描か

れるなど、アメリカ国民に愛され続けています。

そんなフランクリンには、ペンシルベニア州の議員時代にこんなエピソードが残っています。

その頃、議会で彼の答弁にことごとく反論してくる政敵がいました。その人は政治的な信条が違うこと以上に、フランクリンに悪感情を持っているようでした。

ある日、フランクリンはその政敵に手紙を出しました。内容は「もし、○○という本を持っていたら貸してほしい」というもの。そのような手紙を出して、二度ほど本を借りたところ、その政敵の態度が一変します。

フランクリンに向ける眼差しは柔らかくなり、議会での執拗《しつよう》な反論もなくなりました。しかも、それ以来、フランクリンとその政敵は生涯の政治的協力者になったというのです。


実はこれ、フランクリンの目論見《もくろみ》通りの展開でした。

フランクリンは、**自分が嫌いな人間から頼まれごとをして、それに応じてしまった時に、応じた人の心境がどう変化するかを体験的に知っていた**のです。

人は常に自分の信念に合う行動をしたいという欲求を持っています。信念に見合わない行動を取ると戸惑います。そして、なんとか修正しようとします。

フランクリンの政敵は、彼を嫌っていたのだから本来なら本は貸さないはず。ところがそれを貸してしまったのです。でも、やってしまった行動を修正するわけにはいきません。ですから、信念のほうを変えざるを得なくなったのです。

「本来なら貸すはずのないフランクリンに本を貸してしまった。ということは、私は彼のことを何か誤解していたのだろうか？」

「確かに、私と彼は政治信条は相容《あいい》れないところはあるが、人格者であることは否《いな》めない。それに自分に正直という点では私と同じだ」

「そもそも、私が本を所有していると思うからこそ借りたいと申し出てくれた。ということは、私に興味や関心があるということだ」

「そうだ、私たちは互いに相手を好敵手だと思っている。気に入っている。だからこそ私も本を貸したのだ」

政敵は自分が本を貸した理由を見出すために、そんなふうに信念のほうを修正してしまったと考えられるのです。

つまりフランクリンは、相手に頼みごとをすることで、相手の自分に対するネガティブな信念や感情がポジティブに変わる効果があることを知っていたのです。

この逸話《いつわ》は心理学の世界でもとても有名で、このように**「頼みごとをすると相手がこちらに好意を抱く」現象を『ベンジャミン・フランクリン効果』と呼んでいます。**

甘え上手な人がなぜかモテるのは、ベンジャミン・フランクリン効果をうまく利用しているからです。

頼られた相手は、お願いごとをされることによって、自分の価値が上がったような気がしてうれしくなります。そして、うれしくなったのは自分が相手のことを好きだから、と考えるのです。男性は特に、「好きな相手のために何かしてあげたい」という欲求が強い傾向があります。ですから、この効果は余計に効き目があります。

あなたも、自分を好きにさせたい相手がいるなら、このベンジャミン・フランクリン効果を活用してみませんか。

こう言われたら願いを聞き入れたくなる

諸葛孔明

紀元200年代の中国は、皇帝が3人並び立つという極めて特殊な状況下にありました。それが魏、呉、蜀からなる三国時代です。

三国志として現代でも人気が高いこの時代は、映画、小説、漫画、ゲームなどさまざまな媒体で具象化されているのでご存じの方も多いことでしょう。

その三国時代で、皇帝たち以上に存在感があり、英雄視されているのが天才軍師の諸葛孔明《しょかつこうめい》ではないでしょうか。

諸葛孔明は、後に蜀の国の初代皇帝となる劉備《りゅうび》に仕え、その右腕として戦場にあっては知略を駆使する軍師であり、忠節《ちゅうせつ》の人であり、また実務に長《た》けた政治家であり続けました。

2人が出会ったのは207年のこと。

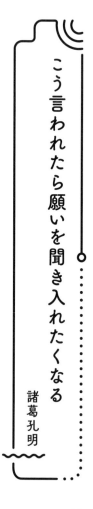

劉備の下には関羽《かんう》や張飛《ちょうひ》といった優れた武将がいました。でも、智謀《ちぼう》に優れ、戦略を立てられる人間となると、残念ながら力不足の者ばかりでした。

それを補える人材はいないものかと探していたところ、出てきた名前が孔明だったのです。

「ならば、その男を連れてきてほしい」

そう頼んだ劉備ですが、孔明を知る人物は、「孔明は呼びかけてくるような人ではない。自ら会いにいくべきです」と助言します。

その時、劉備は47歳。孔明は27歳。**歴戦の勇者として名を知られていた劉備が名もなき若者を訪ねていくことなど、普通では考えられないこと。**

でも、それをしてしまうのが劉備で、わざわざ足を運び、門を叩きます。

ところが、あいにく孔明は不在。改めて出向きますが、2度目も不在。

普通なら怒って帰ってしまうところですが、それでもめげずに三たび出向いてしまうところが劉備という人の懐《ふところ》の深さでしょうか。

ついに3度目にしてようやく孔明と対面。経緯を知った孔明は非礼をわびるとともに、そこまでして会いにきてくれたことに感激をし、自ら軍師として働かせてほしいと願い出ます。

この出来事が後の世で「三顧の礼《さんこのれい》」と呼ばれるもので、「礼を尽くして、才能ある人材を招くこと」という意味の故事成語《こじせいご》となって今に伝わっています。

現代でも、優秀な人材をヘッドハンティングする際には欠くことのできない心くばりといえるのではないでしょうか。

人間、大いなる好意にはそれに見合った好意で、いやそれ以上のお返しをしたくなるものです。**『返報性《へんぽうせい》の原理』**とも呼ばれていますが、それからの孔明の働きはめざましいものがありました。

孔明の知略が物を言ったのが、翌年、長江《ちょうこう》（揚子江）の赤壁《せきへき》という場所で繰り広げられた「赤壁の戦い」です。

当時は、曹操《そうそう》が治める魏が勢力を拡大中で、劉備の軍だけでは太刀《たち》打ちできないほど兵力も強大でした。

そこで孔明は呉の孫権《そんけん》と交渉して同盟を結ぶことに成功、連合軍で曹操と対決します。戦いの場を長江にしたのは、曹操の軍が水上での戦いに不慣れだということを計算に入れてのことでした。

結果は、風向きを利用した火責めで、劉備・孫権軍の大勝利。以降、戦力が均衡《きんこう》したため、魏・呉・蜀が並び立つ三国時代が到来することになります。

孔明と劉備がいかに互いを信頼し合っていたかを示すのに「水魚《すいぎょ》の交わり」という故事成語も今に伝わっています。「水と魚のように切っても切れない親しい関係」という意味です。

孔明と劉備は、主従関係以上の〝終生の友〟ともいえる関係になったのですね。うらやましいことですし、できればそういう友を持ちたいものです。

『チャムシップ』という心理学用語があります。**チャム＝親友、シップ＝関係という意味で、思春期は親友関係を結ぶのに最適の期間だとされています。**

あなたも、その頃のことを思い出すと、懐《なつ》かしい顔が浮かんでくるのではないでしょうか。

もし、最近疎遠になっているなと思ったら、連絡を取ってみませんか。すぐに会話がはずんで、チャムシップを取り戻せるはずですから。

「○○といえば××」を思いついたら勝ち！

平賀源内

「土用《どよう》の丑《うし》の日」といえば、私たちはすぐにウナギを連想してしまいます。

正確には「土用」は春夏秋冬に1回ずつ、年に4回あります。でも、ウナギを食べたくなるのは夏だけです。それはなぜでしょう。

その理由は諸説ありますが、一番有名なのは江戸時代の蘭学者で発明家の平賀《ひらが》源内《げんない》が「土用の丑の日はウナギを食べよう」と広めたから、という説です。

江戸時代、ウナギは旬である冬に食べるものでした。なので夏、ウナギ屋は閑《かん》古鳥《こどり》が鳴いていました。

何か手はないものかと悩むウナギ屋の主人。その頭に浮かんだのが源内さんでした。源内さんはただの学者ではなく、浄瑠璃《じょうるり》の台本を書いたり、エレキテルという摩擦《まさつ》で電気を起こす機械を復元してみせたりする、当時としてはとてもとてもクリエイティブなアイデアマンだったからです。

相談を持ちかけられた源内さんは、「ならば、『本日、土用丑の日』と書いて店先に貼り出せばよろしい」と答えました。そして、通りかかった人がその貼り紙を不思議に思って尋ねたら、「丑の日だから『う』のつくものを食べると縁起がよいそうで」と言うようにと指導しました。

それが見事に当たって、ウナギ屋は大繁盛。その噂を耳にした他のウナギ屋もまねをするようになったので、あっという間に「土用の丑の日にはウナギを食べる」が風習として根づいたというのです。

この逸話から、この秀逸なキャッチコピーを考えた源内さんは、「元祖コピーライター」といわれることもあるのだとか。

それにしても、江戸時代のブームが今も習慣化して続いているというのはすごいことではあります。これは優れたキャッチコピーがいかに人の心をつかんで離さないか、という一つの模範例といえるでしょう。

こうした習慣化にひと役買っているのが、**『ヒューリスティック』**です。

何かを決断する時、あれこれ熟考して決めるのではなく、直感的・短絡的に結びつけて決める心理をヒューリスティックといいます。

居酒屋へ行くと、まず何を飲むかを決める必要がありますが、そんな時、便利なのが「とりあえずビール」です。あれこれ考える手間もいらず、すぐにノドを潤すことができて、しかも一杯目のビールはうまいときていますから、苦手な人以外は文句なしです。これこそまさにヒューリスティック。

テレビでCMが繰り返し流されるのも、「人はよく見かける&印象に残るものに影響を受ける」というヒューリスティックが働いて、商品の好感度が上がり消費者の購買意欲が高まるからです。

「○○といえば××」は、ヒューリスティックを消費者に植えつける名キャッチコピーといえるのです。だからこそ「土用の丑の日」は時代を超えて人々にインパクトを与え、ウナギへの消費意欲を高め続けたのだと思われます。

そんな名キャッチコピーを思いついた平賀源内さんでしたが、晩年は不幸だったようです。そもそも源内さんは江戸の人ではありません。讃岐《さぬき》国(今の香川県)高松藩の人です。そんな人が江戸の街で暮らしていたのは、藩を脱藩《だっぱん》したからです。

長崎に留学して蘭学者として名を成していた彼は、藩の許可がなくては国内を自由に行き来できないことに不便を感じ、なんと34歳で脱藩してしまうのです。

それに対して高松藩は源内さんを「仕官御構《しかんおかまい》」に処しました。これは他藩へ仕官することを禁ずるもの。生涯、浪人《ろうにん》として生活することが決定したわけです。

それでも源内さんは平気の平左《へいざ》。自らを〝天竺《てんじく》(住所不定の)浪人〟と洒落《しゃれ》のめして、その才能をフルに生かし、さまざまな事業に手を出して大活躍。また、エレキテルの復元をはじめ、万歩計や寒暖計など数々の発明品も生み出しました。正月に初詣《はつもうで》で買う縁起物の破魔矢《はまや》を考案したのも源内さんなのだとか。

でも、その発明が我が身に禍《わざわい》を呼び込むことになろうとは、さすがの源内さんも思案の外であったことでしょう。

52歳になった源内さんは自分を認めてくれない世の中に憤慨《ふんがい》し、また発明を盗まれたと思い込み、誤解から人を殺《あや》めてしまったのです。

その結果、哀《あわ》れにも獄中死を遂げてしまいます。源内さんのファンとしては、最後まで洒落のめして人生をまっとうしていただきたかったのですが……。

日頃の不満に成功のヒントがある

ココ・シャネル

ココ・シャネルといえば、世界的ファッションブランド・シャネルの創業者であり、女性ファッションの世界に革命を起こしたデザイナーです。

彼女がファッションの世界に足を踏み入れた頃は、女性のドレスといえばコルセットが多用されていた時代でした。

そんな時代の中、シャネルは「女性ばかりがなぜ窮屈な服に耐えなければならないの?」と疑問を抱き、コルセットをなくしたドレスを生み出したのです。

きっかけは、1914年に勃発《ぼっぱつ》した第一次世界大戦でした。

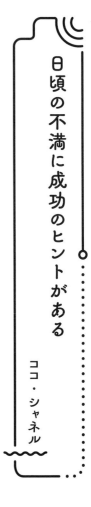

ヨーロッパでは出征《しゅっせい》した男性の代わりに女性たちがバスの運転手から工場員まで、さまざまな労働に従事するようになりました。

でも、この時代に女性が着ていた服といえば、スカートは長く、ウエストはコルセットで縛《しば》られ、たくさんの装飾が施されたものが主流でした。でも、そうした服は動きにくく、仕事の邪魔になってしまいます。

また、戦時中の物資不足の影響もあり、女性たちはより安価で機能的な服装を求めていたのです。

そんなニーズに応えたのがシャネルでした。

彼女はなんと、男性の下着として使われていたジャージー素材に目をつけたのです。

ジャージー素材でつくった、ゆったりとしたウエストのジャケットに、膝丈《ひざたけ》まで短くなったスカートは体に沿って柔らかく動き、仕事をするのに好都合でした。また、そのふわりとしたシルエットが女性たちのハートを見事にキャッチ。こうして、シャネルは瞬《またた》く間に人気デザイナーになったのです。

それにしても、他の人ができなかったことを、なぜ彼女はできたのでしょう。

それは、彼女の考え方が**『ステレオタイプ』**ではなかったという一語に尽きます。

ステレオタイプというのは、**認知バイアス（偏《かたよ》り・先入観）の一つで、「多く**

の人に浸透している固定観念や思い込みのこと」を指す言葉です。

ステレオタイプな考え方の身近な例としては、「血液型」があります。

たとえば、「O型はおおざっぱ」「A型は几帳面《きちょうめん》」というように、私たちはつい一定の型にはめて解釈しがちです。

地域の特性などもそうで、「東北出身の人は我慢強い」「関西出身の人は面白い」「九州出身の人はお酒に強い」といったように、ある特定の属性で類型化し、固定的なイメージを持ってしまうのもその例です。

ステレオタイプな考え方はメリットもあります。膨大な情報を一定の型にはめて把握することで、効率的に情報処理を行なうことができるからです。

一方、デメリットは何事も決めつけて判断することで、誤った認識や誤解を生む可能性が高まるという点。また、強い固定観念のせいで、新たな発想を生み出しにくくもなります。

きっと当時のファッション業界の人たちがそうで、「女性の服はこういうもの」という固定観念のせいで、他の発想をする脳の回路が閉じてしまっていたのです。

ただひとり、シャネルを除いては。

「私は流行をつくってるんじゃないの。私が流行なの」

シャネルのこの言葉には、自分は固定観念に縛られることはないという強い自負と信念が感じられます。確かに、今までにないものをつくり出すには、ステレオタイプな発想から脱却する必要がありそうです。

たとえば、ひと昔前まで「ボールペンは消せないもの」でした。でも、開発者の中に「消せたら便利なのに」と思った人、つまりステレオタイプから自由になった人がいて、〝消せるボールペン〟が誕生しました。

同様に、「立ち食いは大衆食堂のスタイルだ」というステレオタイプから自由になった人が〝立って食べるフランス料理店〟をオープンさせて大ブームになりました。

あなたも、何か新しいものを生み出したいのであれば、「これはこうするのが当たり前」「これが常識」というものを見つけて、そのステレオタイプから自由になってみてはいかがでしょう。

交渉事を人知れず有利に進める方法
夏目漱石

明治の文豪、夏目漱石。

その活動期間は意外に短く、処女作『吾輩は猫である』を執筆したのは38歳、亡くなったことで未完に終わった『明暗』の執筆は49歳の時でした。つまり、小説家としての実質的な活動期間は、約10年間だけ。その間に『こころ』『それから』など文学史に残る多くの作品を手がけたのはご存じの通りです。

そんな漱石が〝職業作家〟になったのは、『吾輩は猫である』を出版した後のこと。処女作を書いた頃は、まだ東京帝国大学の英文科講師をしていました。つまり、文筆業は息抜き、いわばアルバイト的なものだったのですね。

それが本業になったのは、処女作が当たったこともありますが、漱石の授業は学生からの評判があまりよろしくなかったからかもしれません。どうせ仕事をするのなら、生き甲斐が感じられることを生業《なりわい》にしたいですものね。

ただ、転職するに当たっては心配事もありました。それは金銭面の保証です。帝大といえば大学の最高峰。年収も高額（年俸800円）で安定しています。それを辞めてまで職業作家になる価値はあるかどうか……。

当時の出版物は買い取り制でした。いくら増刷されても追加収入はありません。雑誌『ホトトギス』に掲載された『吾輩は猫である』で人気作家の仲間入りをした漱石でも、原稿料は原稿1枚50銭。作家だけで食べていくことは難しい時代だったのです。

しかも、「せっかく帝大の講師だったのに、そんなに身を落としてまでやりたいことなのか」と周囲からは大きな批判を受けていました。当時の小説家という職業は、世間からはその程度に見られていたということです。

それでも漱石が転職に踏み切ったのは、東京朝日新聞社が破格の条件提示をしてきたからでした。**新聞社側は月俸200円＋賞与（当時の新聞社の社長は月俸150円）を保障した上に、年に2回程度の連載小説を新聞に書けば出社の義務はナシという好待遇を用意してきた**のです。

ほぼ同じ頃、若き石川啄木が朝日新聞の校正係に雇われていますが、月俸は月に5回の夜勤を合わせても30円だったといいます。

ただ、漱石はそれで満足したわけではありませんでした。

前述したように、当時は小説を書いても作家が得られる収入は、出版社が買い取った原稿料のみ。もし作品が人気となり、増刷されても作家には1銭の得にもならず、出版社だけが利益を得る仕組みでした。

そこで漱石が取り組んだのが、「印税制度」を日本に定着させることでした。

印税とは、「著作物を複製して販売等する者（出版社・レコード会社・放送局など）が、発行部数や販売部数に応じて著作権者に対して支払う著作権使用料の通称」です。つまり、1回っきりの原稿料だけでなく、増刷されるたびに作家に収入がもたらされるような制度を出版社側に認めさせようとしたのです。

記録によると、『坊っちゃん』や『草枕』が収録された作品集『鶉籠《うずらかご》』について、初版の印税は1割5分、第2版以降は2割、6版以降（後には4版以降）は3割と、かなり事細かに要求していることがわかります。

現代の作家が受け取る印税は10％（1割）が相場ですから、漱石は文章力だけでなく交渉力も相当優れていたのでしょうね。

なにしろ、最終的には3割となる印税は当時でも破格の割合で、いくら売れっ子作家の要求でも出版社側も難色を示したといいます。それを認めさせたということは、心理的に相手を誘導する交渉術を使ったのではないでしょうか。

たとえば、『**ドア・イン・ザ・フェイス・テクニック**』という手法です。これは、**「最初にわざと断られるような大きな要求をした後で、それよりも低い要求を認めさせる」交渉術**です。

過大な要求だとしても、断った相手の心には多少なりとも罪悪感が生まれます。そこで、それよりも低い提案を出されると、「それならば」と妥協しやすくなるのです。つまり、漱石はまず断られるのを承知で「印税は3割いただきたい」と要求したのではないでしょうか。

そして、相手が難色を示したところで「ならば、半分ならいかがか」と水を向ける。すると相手は漱石が大幅に譲歩してくれたと思います。だからこそ、出版社側としては不利な1割5分でも納得したのではないかと思われるのです。

もしそうだとすると、漱石先生、あなたって隅に置けない人ですねぇ。

これさえあれば、2人の仲はもっと盛り上がる！

シェイクスピア

恋愛心理学の用語に『**ロミオとジュリエット効果**』というものがあります。
これは、**恋をする2人には何か障害があったほうが、その障害を乗り越えて目的を達成しようとする気持ちが高まる心理現象のこと。**

ロミオとジュリエットといえば、すぐにウィリアム・シェイクスピアの同名の戯曲《ぎきょく》を思い浮かべることでしょう。敵対する貴族の家に生まれた2人が、家柄や親の反対といった障害にも負けずに愛を成就《じょうじゅ》しようとする物語です。

この心理学用語の提唱者であるアメリカの心理学者リチャード・ドリスコールも、実験で「障害があるほうが熱愛度が高まる」ことが証明された時（1972）、すぐにこの2人の名が浮かんだことでしょうね。いや、実験する前から証明されることを見込んで、効果名はすでに考えていたかもしれませんけれど。

それにしても、シェイクスピアもまさか自分の書いた作品名が400年後に心理学で使われようとは思いもよらなかったことでしょう。

シェイクスピアといえば、エリザベス一世が治めていた時代のイギリスを代表する人物で、ストーリーはもちろん、卓越した心理描写により、最も優れた英文学の作家であると、今もいわれている人です。

生み出した作品は、四大悲劇『ハムレット』『マクベス』『オセロ』『リア王』をはじめ、『ヴェニスの商人』『夏の夜の夢』『ジュリアス・シーザー』……と、どれも傑作ぞろい。

現代でもたびたび上演されますし、映画化・ドラマ化もされていますから、シェイクスピア作品に触れたことがないという人を探すほうが難しいくらい。

中でも『ロミオとジュリエット』はバレエ・オペラ・ミュージカル・映画と、さまざまな表現方法で繰り返し再演されているので、どんなお話かを改めて紹介する必要もないほどです。

でも、このお話にはもとネタ、種本があるのをご存じでしょうか。

それが1562年に出版された『ロミウスとジュリエットの悲劇の物語』。イタリアのマッテオ・バンデッロの著作を、イギリスのアーサー・ブルックが英訳したものです。

ただし、シェイクスピアは2点、大きな変更を加えました。

1点目は、ジュリエットの年齢を原作の16歳から14歳に引き下げたこと。

そして2点目は、原作が約半年の物語であるのに、それを5日間足らずに短縮してしまったことです。

2点目についてはお芝居なので納得できます。よりドラマチックになり、悲劇性も高まったことでしょう。

では、1点目はどうか。シェイクスピアはなぜ、ジュリエットをわざわざ14歳の誕生日を迎える女の子にしたのでしょう。

その点について、シェイクスピア劇にもくわしい心理学者の河合隼雄氏が興味深いことを述べています。

河合氏によると、子どもが大人に成長する時、〝大人に知られてはならない秘密を持つ〟ことがその子に大きな影響を与え、劇的に大人への道を歩み出すきっかけとなるというのです。

ジュリエットの秘密とは、ロミオに恋心を抱いたこと。その秘密は親には絶対知られてはならないことでした。

でも、そうした秘密を持つには16歳では遅いとシェイクスピアは考えたのかもしれません。16歳だと、もうその手のドキドキは何度も経験ずみな気もしますものね。当時は婚期も早かったと思われますから、なおさらです。

シェイクスピアがそこまで考えてジュリエットを14歳にしたのなら、さすがとしか言いようがありません。

「安定は情熱を殺し、不安は情熱を高める」

これは、『失われた時を求めて』などの著作で知られるプルーストの言葉です。**秘密を持つと、人はそれがバレるのではないかと不安になります。でも、それがかえって情熱を高めてしまう。**ジュリエットがまさにそうであったのでしょう。

社内の人たちに秘密でつき合っている不倫カップルの恋が燃え上がるのもそのせいなのかもしれません。なにしろ2人は不安でいっぱいですから。

「メタファー（比喩）」で相手のメンタルを制す

升田幸三

升田幸三《ますだこうぞう》という名前だけでピンとくる人は、かなりの将棋ファンだと思われます。「誰かの指《さ》した手は指さない」と〝新手一生《しんていっしょう》〟を信条にして独創的な新しい手を次々に生み出した将棋界の鬼才です。

野武士のような風貌《ふうぼう》に鋭い眼光は異彩を放ち、ライバル大山康晴《おおやまやすはる》との名勝負で戦後の「升田・大山時代」を築き上げ、昭和32（1957）年には史上初の三冠独占（名人・王将・九段）を果たしました。

そんな升田には、こんな驚きのエピソードがあります。

太平洋戦争後、勝者である連合国側は日本という国をもう二度と戦争をしない国に改造するべく、軍国的要素をすべて排除しようとしていました。

その一環でやり玉に挙がったのが将棋でした。将棋というボードゲームは頭脳を使う戦術ゲーム。軍人育成のために使われる危険性がある。「だから、禁止せねば」という意見が占領軍（GHQ）内で挙がったのです。

時は、昭和22（1947）年夏。場所は丸の内のGHQ本部。

「将棋の話を聞きたい」と待ち構えていたのは、GHQのナンバー2であるホイットニー准将《じゅんしょう》。あのダグラス・マッカーサーの次に位《くらい》の高い人物で、日本国憲法の草案に携《たずさ》わるなどGHQ内でも切れ者として知られていた人物です。そこに単身乗り込んだのが升田幸三だったのです。

『ホームグラウンド効果』という心理学用語を持ち出すまでもなく、ホームのほうがアウェーより断然有利です。升田にとっては最初から不利な状況。しかも満足に意思の疎通《そつう》ができるのは通訳だけ。先が思いやられる展開でした。

そこへ開口一番、准将から強烈なストレートパンチが繰り出されます。

「チェスと違って将棋は取った相手の駒を自分の兵隊として使用する。これは捕虜の虐待《ぎゃくたい》であり、人道に反するのではないか」

将棋と似た競技は世界各地にいくつもあります。その代表例が西洋のチェスです。それらの中でたった一つ、将棋だけが相手から取った駒を自分の駒として使えるルールを持っています。だからこそ准将はそこを突いてきたのです。

けれど、升田は動揺を微塵《みじん》も見せずにこう切り返しました。

「チェスこそ捕虜の虐待、いや虐殺《ぎゃくさつ》だ」

そう言って、取った駒は使えないチェスを逆に否定したのです。いや、それどころか虐殺とまで言い切りました。攻めには、それを上まわる攻め。これぞ、升田将棋の真骨頂《しんこっちょう》でした。そして、こう続けたのです。

「日本の将棋は捕虜を虐待も虐殺もしない。将棋では常に全部の駒が生きておる。これは能力を尊重し、それぞれに働き場所を与えようという思想だ。しかも、敵から味方に移ってきても、金は金、飛車なら飛車と、もとの官位を尊重して登用する。これぞ真の民主主義ではないか」

さらに升田は、「チェスは王様が危なくなると女王様まで楯《たて》にして逃げようとする。これはあなた方の民主主義やレディファーストに反する行為ではないか」と言い放って、准将を苦笑いさせたといいます。

この話し合いの結果、将棋でいえば〝詰み〟となり、将棋という文化が生き残ることになったというのですから、まさに世紀の大一番だったのですね。

この議論で升田が主導権を握れたのは、准将が使った「取った駒＝捕虜」という比喩《ひゆ》表現をうまく活用したからだと思われます。

比喩のことをメタファーといいますが、これを使うことで相手の心理面に大きな影響を与えることができ、説得力が増すのです。

たとえば、「彼女は明るくて元気な人です」より、「彼女はひまわりみたいな人です」のほうが相手にイメージとして伝わりやすいですよね。

「取った駒＝捕虜」も同じで、イメージしやすい上に、そのイメージを共有することで英語と日本語という言葉の壁をグッと低くすることができます。だからこそ升田の反論がホイットニー准将の心に響いたというわけです。

あなたも自分の言葉に説得力を持たせたいのなら、比喩表現をうまく使うことをおすすめします。

「好奇心」はカリスマへの第一歩

織田信長

風雲児《ふううんじ》とは、社会の変革期や時代の変わり目に突如《とつじょ》現われて、大活躍する英雄的人物のこと。戦国乱世を生き、駆け抜けた織田信長こそ風雲児と呼ぶにふさわしいのではないでしょうか。

兵力では圧倒的不利にもかかわらず奇襲で勝利を収めた「桶狭間《おけはざま》の戦い」をはじめ、先進武器である鉄砲を用いた「長篠《ながしの》の戦い」など歴史に残る戦《いくさ》に勝利し、天下統一に邁進《まいしん》したのはご存じの通り。

また、軍事面だけでなく経済でもその力を発揮。楽市楽座《らくいちらくざ》の制度を持ち込んで商売の自由度を高め、また通行税を取っていた関所を廃止して人の行き来を自由にするというイノベーションを起こしました。

信長はこのような言葉を残しています。

「仕事は自ら探してつくり出すもの。与えられた仕事だけをやるのは雑兵《ぞうひょう》にすぎない」

現代の起業家も激しく同意しそうな言葉ですし、これから起業しようという人に勇気を与えてくれる言葉でもありますよね。

そんな信長の性格や人柄の長所を挙げるなら、次の3点になるでしょうか。

・既存の常識や因習《いんしゅう》を打破できる合理的思考
・思ったことを即座に実行できる行動力
・新しい物を積極的に取り入れる先進性と柔軟性

このような特徴を持った人のことを心理学では『**ネオフィリア**』といいます。

ネオフィリアとは、新しいことを好む性質という意味。もともとは生物学者のライアル・ワトソン氏がつくった言葉で、**人類はネオフィリア（新しもの好き）**

であったからこそ、さまざまな発見や発明をして今日の文明をつくり上げたのだといいます。

信長は、自分が気に入った者、優秀な者は身分に関係なく取り立てました。秀吉がそのいい例ですし、宣教師の従者だった黒人を気に入り、即座にもらい受けて弥助《やすけ》という名前まで授けました。

また、宣教師が献上した地球儀を見て目を輝かせただけでなく、大地が平面ではなく球体であることもすぐに理解したといいます。

まさにネオフィリア信長の面目躍如《めんもくやくじょ》といったところです。

もちろん、十人十色というように、人類すべてがネオフィリアというわけではありません。新しいことや未経験のことには臆病な人もいます。そういう人のことを表現する**ネオフォビア（新奇恐怖症）**という言葉もあります。

ネオフィリアは行動力がありすぎて暴走することがあります。そういう時、手綱《たづな》を引いてブレーキをかけてくれるのがネオフォビア。

磁石にプラスとマイナスがあるように、人類にもネオフィリアとネオフォビアがいたからこそ引っ張り合いながらも安定した文明をつくり上げることができたのかもしれませんね。

織田信長がネオフィリアなら、ネオフォビアはさしずめ明智光秀ということになるでしょうか。


織田信長がそうであるようにネオフィリアは時代をけん引していく力があります。それだけに、人々が憧れる存在にもなり得ます。

もしあなたにもネオフィリアへの憧れがあるなら、ネオフィリアの行動原則である次の五つをいつも心にとめておきましょう。

・ふだんから好奇心のアンテナを研ぎ澄ませている
・寄り道やまわり道を積極的にする
・考えるより先に歩き出す
・ささいなことでも感動でき、ハマることができる
・物事を楽観的に考えられる

その相手の「ツボ」はどこにあるのか

豊臣秀吉

生まれは貧しい農民の子ともいわれながら、最終的には戦国時代の乱世を征して天下人《てんかびと》にまで成り上がったのが豊臣秀吉でした。

長い日本の歴史の中でも類を見ないほどの大出世を遂げた秀吉が持っていた〝誰にも負けない能力〟とは何だったのでしょう。

それは、人をうまく味方につける能力、〝人たらし〟の才能であったと思われます。言い方を換えれば、人心掌握《じんしんしょうあく》に非常に長けていたのが秀吉だったのです。

その例としてよく挙げられるのが、「冬の寒い日に、織田信長の草履《ぞうり》を懐で温めた」という藤吉郎《とうきちろう》時代のエピソードです。

この話は後世の人が考えたフィクションであるともいわれていますが、信長、そして秀吉の人となりが垣間《かいま》見えるという点でなかなかうまくできています。

寝所から出てきて草履をはいた信長はそれが温かいことに気づき激怒します。なぜなら、藤吉郎が草履を尻に敷いていたのではないかと疑ったからです。主君の履物を尻に敷くとは不届きな奴め！　……そう思ったのでしょう。

ところが、藤吉郎はかしこまりつつも、「殿様が寒かろうと思い、懐の中で温めておりました」と言うではありませんか。

なおも疑った信長がその小者《こもの》の懐をのぞいてみると、そこにはくっきりと鼻緒《はなお》の跡が……。やっと得心《とくしん》した信長は大いに感心し、すぐさま藤吉郎を草履取りの頭《かしら》に任命したという有名な話です。

いったんは激怒するものの、事態がのみ込めた後は一転して相手を激賞するところはいかにも信長らしいですし、主君を喜ばせるツボを心得ているところもいかにも秀吉らしいですよね。

秀吉がすばらしいのは、**「自分が相手であったら、何をされるのが最良だろう」と相手の立場になって物事を考えられること**。これは心理学では『**ポジション・チェンジ**』といって、相手を喜ばせるためには欠かせない思考法です。

こうして、覚えめでたく信長の懐に入り込んだ秀吉は、信長に気に入られるためにますます「人たらし」ぶりを発揮していきます。

まず実践したのが〝聞き上手〟〝喜ばせ上手〟になること。

この両方ができる人は、相手に対して次のような態度を取ります。

・相手の話を感情表現豊かに聞く
・相手の話に対して身振り手振りでリアクションする
・相手の話を前のめりになって聞き、適宜《てきぎ》質問をする

そうした態度を取ることで相手は自己の承認欲求が満たされ満足し、ますます饒舌《じょうぜつ》になっていきます。つまり、自然と〝聞き上手〟〝ほめ上手〟になれるわけです。秀吉もきっとそうやって信長を饒舌にしたに違いありません。

人は自分を理解してくれる人を好きになります。反対に理解してくれそうにない人、自分に興味を示してくれない人は遠ざけようとします。

自分が相手の話を理解していることを知らせるには〝相づち〟を打つのが一番効果的ですが、聞き上手な人は次の「さしすせそ」をよく使うそうです。

「さ＝さすが！」
「し＝知らなかった！」
「す＝すごい！」
「せ＝センスいい！」
「そ＝そうなんですか！」

どれも相手の自尊心を高める共感ワードですから、こうした相づちを打つたびに相手は気分がよくなって、ますます心を開いて打ち明け話をしてくれるはず。

人は結局、自分の価値を認めてくれる人が好きです。自分の心中を察し、苦労を理解してくれる人のためには何でもしてやろうという気にもなります。

秀吉はそうやって人脈を広げていったのでしょう。その生き方は、私たちも学ぶところが大きいのではないでしょうか。

「こだわり」と「執着」の境界線

徳川家康

長寿社会の日本、人々の関心は「平均寿命」よりも「健康寿命」に移っているようです。「どんな状態でもいいから長生きする」よりも「健康な状態をいつまでも維持する」ことのほうがより大切だという考え方が広まってきているということでしょう。

私たちの寿命は延び続け、今では〝人生90年〟に手が届こうとしています。けれど一方で、自立した生活を送れる期間である「健康寿命」は、厚生労働省の調べ（2022）によると平均寿命より男性は約9年、女性は約12年も短いのだそうです。

つまり、支援や介護がなければ、ひとりでは生活が困難になる期間が平均で9～12年もあるということです。

長い人生、いつまでも元気に過ごすためには「健康寿命」を延ばすことこそ必要なのですね。

そのことを痛感し、「健康寿命」を延ばすために日々努力を重ねていた戦国武将がいます。

それが戦国時代を終わらせ、徳川幕府約260年の礎を築いた徳川家康でした。**家康は、今でいえば相当な〝健康オタク〟でした。**常に節制を心がけ、暴飲暴食はもちろん贅沢品《ぜいたくひん》を食べることも極力避けていたといいます。

まず、白米はNO！　食べるのは麦飯と決めていました。確かに麦飯は栄養が豊富です。ビタミンB_1やカルシウム、ナイアシン、繊維質、カリウムなどが含まれ、糖尿病や大腸ガンの予防になるとされています。

家康が好んで食べていた発酵食品の味噌は、腸内環境を整えてくれます。また、好物だったイワシには、DHAやEPAといった成分が含まれていて、記憶力・集中力の向上や目の健康維持の役割を果たします。

しかも、真夏でも温かいうどんを食べて胃腸を守り、届けられた果物も季節外れだと判断すると、自分は食べずに家臣に分け与えるという慎重ぶりでした。

家康はそうした食事の面だけでなく、剣術や乗馬、そして水泳などの体を動かすことも積極的に行なったといいます。家康が75歳という当時としては長寿をまっとうできたのは、そうした努力の賜物《たまもの》だったといっても過言ではないでしょう。

それにしても、家康はなぜそこまで健康を気づかったのでしょう。

それは、先の天下人である秀吉が62歳でこの世を去ったことと大いに関係がありそうです。

家康が秀吉と同じく短命で、もし62歳で死去していたとしたら、歴史は大きく変わったはずです。

家康が嫡男《ちゃくなん》・秀忠に将軍職を継がせたのは63歳の時ですから、その前年に死んでいたら、できたばかりの江戸幕府はどうなっていたことか。豊臣政権同様に家康の死を機に混乱し、崩壊へと向かう危険性も十分にあったでしょう。

というのも、福島正則や加藤清正など秀吉子飼いの大名がまだ健在で、秀頼のもとに結集して徳川を倒すなどという事態も起こり得たからです。

権力を握ってから15年以上生き、大坂夏の陣で豊臣家を滅ぼしたからこそ、約260年という徳川幕府時代の礎が築けたのですものね。

家康は、大御所《おおごしょ》として徳川幕府の屋台骨《やたいぼね》を支えるためにも、生き続けることに執着したはず。だからこそ健康オタクにもなったのでしょう。

ただし、健康オタクもそれが過ぎると自分の体を害してしまうこともあります。強迫性障害《きょうはくせいしょうがい》の一種に『オルトレキシア』というのがあるのをご存じでしょうか。これは、**健康と信じる食べ物以外を受けつけられなくなる摂食障害《せっしょく》のこと**。

読者の中にも、「小麦を使っているものはダメ」、「添加物が入っているものは一切ダメ」などと、自分の判断で食事制限をしている人はいると思います。でもそれが過度になると、周囲の人と同じ食事を楽しめなくなるだけでなく、栄養バランスが偏ったり、免疫力が落ちてしまったりして、病気の原因をつくってしまうこともあります。

実際、家康も自分の見立てが医者と異なっていた場合は、その医者の出す薬よりも自分で調合した薬を飲むほど、自分の医学知識を過信していました。

一説によると、家康は自分で調合した薬のせいで命を縮めたともいわれています。やはり、「過ぎたるはなお及ばざるが如《ごと》し」ということでしょうか。

3章

マイナスを「プラス」にするにもコツがいる

――心配、不安、困りごとを「力に変える」ワザ

「片づけ地獄」から抜け出す方法

ベートーベン

ベートーベンといえば、重厚にして壮大な交響曲から繊細で美しい旋律《せんりつ》のピアノソナタまで、さまざまな曲を世に送り出したクラシック界の巨匠です。

ナポレオンに心酔して交響曲を贈ろうとしたり、20代の頃から難聴に苦しみながらも曲づくりを止めなかったりと逸話の多い人でもありますが、中でも驚くのが**彼がとんでもない〝引っ越し魔〟であった**というエピソードです。

ドイツのボンで生まれたベートーベンは、22歳でオーストリアのウィーンに移り住んでからというもの、56歳で亡くなるまで、ウィーンの街のあちこちを転々と、なんと80回近くも引っ越しを繰り返しながら生活していたというのです。

ということは、1年に2、3回は引っ越しをしていたということ。なんとまあ、腰の落ち着かないことか。

日本人の一生のうちに引っ越す平均回数はおおよそ3～4回といわれています（国立社会保障・人口問題研究所、２０１６）から、その数の異常な多さがわかろうというものです。

そんなわけで、ウィーンの街には、〝かつてベートーベンが住んでいた家〟が今もあちこちに残っており、一般公開されている建物もあるのだとか。

それにしても、なぜベートーベンはそんなに引っ越しを繰り返したのでしょう。

一つは作曲活動に関する理由が挙げられています。創作活動のために生活環境を変える必要があったというもの。また、自分の作曲した曲を他人に聴かれ、盗作されることを恐れていたという説もあります。

その一方で、ベートーベンがご近所トラブルを頻繁に起こしていたからという説もあります。夜間にピアノを弾《ひ》くために、騒音が問題になったこともあったでしょう。

それよりなにより有力とされているのが、ベートーベンという人の性格や行動に問題があったという説です。

さまざまな文献によると、ベートーベンは非常に頑固で癇癪《かんしゃく》持ちだとされているのです。

そうであるなら、隣人とのトラブルも多かったであろうと推測されます。

また、作曲活動に集中するあまりに他のことには無頓着《むとんちゃく》で、ヒゲは生やし放題、服にしても着たきり雀《すずめ》であったので、ホームレスと間違われて捕まったこともあったのだとか。しかも、あまりにも部屋を汚く利用する上に何でもため込んでしまうので、家はゴミ屋敷状態になることもしばしばだったというのです。

なのに、一方で彼は重度の潔癖症で、手を洗うことは異常なほどに入念であったのだそう。

そんな奇人ですし、もともと掃除をする気はないのですから、引っ越すほうが合理的で簡単だと考えて行動に移したのでしょう。


でも、このエピソード、あきれてばかりはいられません。というのも、「片づけられない人」「家をゴミ屋敷にしてしまう人」は、現代においても社会問題になっているからです。

『セルフネグレクト』という言葉があるのをご存じでしょうか。**『自己放任』と**

訳されていますが、人として普通の生活を送れる状態でありながら、精神的な問題でセルフケアが行なえない状態を指す言葉です。

何も問題がなければ、人は自分でたまったゴミを捨てたり、お風呂に行って体を洗ったりと、自分で自分の世話（セルフケア）ができます。けれど、セルフネグレクトになると、その普通のことができなくなってしまうのです。

特に今、若者にセルフネグレクトが増えており、大きな問題となっています。

原因は、不慣れなひとり暮らし、収入不足、コロナ禍による孤独やコミュニケーション不足などなど、さまざまに考えられていますが、自分のことに関心をなくしているせいで、自分で自分の世話ができなくなっているのです。

『**割れ窓理論**』も示しているように、**いったん放置してしまうとその連鎖は止まらなくなってしまう**のです。

問題は、本人がそれを重大なことと感じていないこと。自分だけではセルフネグレクトから脱するのは難しいので周囲のサポートが欠かせませんが、緊急避難としてベートーベンのように環境を変えるのも一つの方法かもしれません。

たまったモヤモヤは「書いて」吐き出す！

坂本龍馬

坂本龍馬といえば、幕末のヒーローとして小説やドラマ、映画などでその活躍ぶりは存分に描かれてきました。日本史上の「好きな偉人ランキング」でも常にトップを争う人気者です。

龍馬の特筆すべき点は、他の幕末の立役者《たてやくしゃ》たちとは違った道を歩んだところにあるのではないかと思われます。

他の幕末の志士たちが、やれ尊王攘夷《そんのうじょうい》だ、やれ公武合体《こうぶがったい》だと政治闘争に明け暮れていた時に、龍馬は日本初の商社である「亀山社中《かめやましゃちゅう》」（後の「海援隊」）を立ち上げていました。目のつけどころも行動のベクトルも違っていたのです。

下級武士の家に生まれた龍馬でしたが、本家は酒屋や質屋を営《いとな》む商家。なので、龍馬にはもともと商才に長けたところがあったのかもしれません。龍馬としては、国を経済的に底上げし国力を増すことが諸外国の干渉から日本を守る力になるし、世の中を変えることにもなると信じていたのではないでしょうか。

また、龍馬は「世界に出たい」という自分の夢に向かって生きた人でもありました。当時としては珍しい〝自由人〟だったんですね。

龍馬がやり遂げたとされていること、たとえば薩長《さっちょう》同盟の仲立ちをしたことなどは、実は後世の創作・つくり話だともいわれています。それでも人気が落ちないのは、なんといってもその飾り気のない人柄にあるのではないでしょうか。

龍馬の人柄がわかる理由、それは龍馬が大量の直筆手紙を残していたからです。

わずか33年の短い人生の中で、現存しているものだけで140通近く、中には5メートルにも及ぶ長文の手紙もあるといいます。手紙が唯一の通信手段だった時代とはいえ、龍馬がかなりの筆まめだったことは間違いありません。

龍馬の手紙はひらがなやカタカナ、そしてイラストまで多用し、土佐弁による話し言葉で読み手に語りかけるように、また時には自分自身に言い聞かせるように書かれています。そのどれもが人間味にあふれる手紙で、好感が持てるのです。

中でも、仲のよかった3つ上の乙女姉さんには、身のまわりの出来事を実におおらかに書きつづっています。

「そもそも人間の一生など、わからないのは当然のことで、運の悪い人は風呂から出ようとして、きんたまを風呂桶の縁《ふち》で詰め割って死ぬこともある。

それと比べると私などは運が強く、いくら死ぬような場所へ行っても死なず、自分で死のうと思っても、また生きなければならなくなり、今では、日本第一の人物、勝麟太郎《かつりんたろう》殿という方の弟子になり、毎日毎日、前々から心に描いていたこと（海軍のこと）ができるようになり、精出して頑張っています」（『龍馬書簡集〈現代語訳〉』より）

そして、追伸として「（この手紙は）おつきあいのある人のなかでも、ごく心安い人ならば、そっと見せてもいいです」なんて茶目っ気たっぷりに締めているところは自由人の龍馬ならではという感じ。

こんなふうに心にたまったものを飾り気のない言葉で表現する自己発信力に長けている人は、コミュニケーション能力も高そうです。だからこそ、龍馬は知己《ちき》を得た西郷隆盛や桂小五郎たちの心を動かし、時代をも揺り動かすことができたのかもしれないな、そう思えてしまいます。

また、龍馬としては身辺が緊迫していく中、フラストレーションのはけ口を手紙の相手に求めていたのかもしれません。

事実、ストレス解消に「手紙を書くこと」はとても有効です。心理療法では**『筆記開示《ひっきかいじ》』**と呼ばれていますが、漠然《ばくぜん》とした不安や悩みなどをすべて思うままに書き出すと、心の中でモヤモヤしていたものを客観的に眺《なが》められるようになります。自己分析ができるようになるんですね。すると、しだいに自分がストレスを感じやすい状況が見えてきて、対策も練りやすくなります。

龍馬のように自慢話をするのも大いに結構だと、この道の専門家ロバート・エモンズ博士はいいます。**ポジティブな言葉を書くことで、慢性的なネガティブな感情を打ち消してくれる**からです。

最近ストレス過多だなと思ったら、龍馬のように親しい人に手紙を書いてみませんか。そういう相手がいないというのなら日記でもブログでも結構です。きっとモヤモヤが晴れると思いますよ。

つらい時にどんな顔をする？

アンネ・フランク

第二次世界大戦の渦中、ナチ占領下の異常な環境下で、隠れ家に暮らしながら日記をつづり続けたユダヤ系ドイツ人の少女がいました。

彼女の名は、アンネ・フランク。

ドイツで生を受けたアンネでしたが、反ユダヤ主義を掲げるナチスの迫害から逃《のが》れるために、一家して故国を離れ、オランダのアムステルダムへ亡命します。

でも、そのオランダも安住の地ではありませんでした。ドイツ軍に占領されてしまったのです。そこで、さっそく始まったのがユダヤ人狩り。

1942年7月6日、ついに一家は隠れ家での生活に入ることを余儀なくされてしまいます。

隠れ家での生活は、1944年8月4日、ナチス親衛隊に発見・逮捕されるまで続きました。つまり、アンネは15年という短い人生のうちの大切な2年間を不自由な中で暮らしていたことになります。

そんな彼女が心の支えにしていたものの一つが日記でした。13回目の誕生日に、アンネは父親のオットーから日記帳をプレゼントしてもらったのです。彼女はその日記帳に「キティ」と名をつけ、その架空の女の子に手紙を書くという形で日記を書き始めます。

その日記に、アンネはこんなことを書き残しています。

「薬を10錠飲むよりも、心から笑ったほうがずっと効果があるはず」

どんな不自由な生活をしていても、家族みんなで笑い合うことさえできれば、精神安定剤のお世話になることもないし、落ち込んで死にたくなることもないと、アンネはキティに語りかけているのです。

実際、アンネは過酷な環境下においても、いつも明るく希望を失いませんでした。そんな彼女の信条がはっきりと伝わってくる言葉ですよね。

アンナが書き記したように、〝心から笑う〟ことが心身に好影響を及ぼすことは、**心理学的にも脳科学的にも立証されています。**

こんな面白い研究結果があります。

デトロイトにあるウェイン州立大学の心理学チームがメジャーリーガーのプロ野球カードの顔写真と彼らの寿命の関連性を調べてみたところ、笑顔で写っていた選手の平均寿命は80歳だったのに、笑顔でなかった選手の平均寿命は72・9歳だったのだとか。7歳の年齢差の原因が〝笑顔のあるなし〟に特定されたわけではありませんが、興味深い研究ではあります。

笑うと心がリラックスした状態になり、副交感神経が優位になります。副交感神経には体の機能の向上や回復、免疫《めんえき》機能を正常にする作用があります。その結果、自律神経のバランスが整って免疫機能が正常に保てるようになるのです。

いつもイライラしていたり、表情にゆとりのない人は、どうしても交感神経が優位になりがち。免疫機能がうまく働かずにウィルスや異物の体内への侵入を許してしまい、それが寿命を縮める原因になってしまうのかもしれません。

研究者の中には、「たとえつくり笑いでも免疫力は高まる」と主張する人もいます。

たとえつくり笑いであっても、ナチュラルキラー細胞が活性化したり、副交感神経が優位になったりするといわれており、本当に笑った時と同じ効果が期待できるというのです。

特に、大きな声を出して笑うと腹筋が動かされて腹式呼吸になるため、十分な運動効果が期待できます。

笑う気分になれない時は、つくり笑いでもいいので口角《こうかく》を上げて笑ってみましょう。笑顔をつくるだけで気分も明るくなり、心と身体によい影響をもたらしてくれるはずですから。

アンネの残した日記は彼女の死後、アウシュビッツ収容所から奇跡的に生還した父親のオットーによってまとめられ、出版されます。それが『アンネの日記』でした。

過酷な状況にあってなお、生きる希望を失わなかった15歳の少女から教えられることは、まだまだたくさんありそうです。

「そうだよね」で、いったん気持ちを受けとめる

ねね（北政所）

織田信長が羽柴秀吉の正妻である、ねね（後の北政所《きたのまんどころ》・高台院《こうだいいん》）に送った一通の書状が現存しています。この書状が注目に値するのは、信長が秀吉とねねの夫婦ゲンカの仲裁をする内容だからです。

信長といえば〝短気で冷酷な君主〟というイメージがあります。その男が夫婦ゲンカをした家臣の妻をなぐさめる優しい手紙をしたためていたというのですから、ちょっと驚きです。

もしかしたら、秀吉とねねが夫婦になるきっかけをつくったのは自分だという自覚が信長にあったからだったのかもしれません。信長が鷹狩りの途中でねねの家に立ち寄り、お茶を出したねねを見て気に入って、秀吉に嫁にもらえと勧めたという話が残っているからです。

でも、その頃の秀吉といえば、木下藤吉郎と名乗っていた頃で、信長の草履取りから始めてまだ数年という小柄で風采《ふうさい》も上がらない24歳。しかも、知り合った頃は、14歳のねねのほうが身分が高く（父は杉原定利という武士）、ねねの母である朝日は結婚には猛反対したのだとか。

それを押し切って結婚を承諾したといいますから、ねねには先見の明というか、男を見る目があったのかもしれませんね。

結婚したねねは、秀吉の母なか（後の大政所《おおまんどころ》）と同じ家に住み、実の母娘のように仲がよかったのだとか。

しかし、そんなねねも一度だけ秀吉に悋気《りんき》を起こしたことがありました。

秀吉は、天正元（1573）年、「小谷城の戦い」で浅井長政《あざいながまさ》軍を攻め滅ぼし、その功績により近江長浜城《おうみながはまじょう》の城主に取り立てられたのです。それを機に名も羽柴秀吉に改めました。秀吉、この時37歳。人生の中でも勢いのある時です。

大出世して鼻高々の秀吉は、生来の女好きでもありましたから、城下で浮気を重ねます。当然その噂はねねの耳にも入ってきました。

そこでねねが取った行動がすごかった。なんと**秀吉の主である信長に直接目通**

りを願って自分の亭主の不行状《ふぎょうじょう》を訴えたのです。

冒頭の信長からの書状は、それに対するものでした。かな文字で書かれたその手紙はまず、ねねと久しぶりに再会した時の感想から始まります。

「あなたの容姿は、いつぞや拝見した折より、十のものが二十も勝っている」

信長は、ねねがますます美しくなったと持ち上げてくれているのです。そんな気づかいのできる人なんですね、信長さんって。

そして、秀吉に対しては厳しくこう断罪しています。

「藤吉郎がくどくど不足を申し立てるなど言語道断だ。どこを探しても、あなたほどの妻を二度とあの禿鼠《はげねずみ》が迎えるのは難しいだろう」

藤吉郎すなわち秀吉のことを〝禿鼠〟呼ばわりまでしてこき下ろし、つらい思いをしているねねの胸中を察して温かい言葉を投げかけています。現代の心理カウンセラーも顔負けです。

カウンセラーに求められる要件は、相談者（クライアント）の気持ちをあたかも自分が感じているかのように受け取ること。それを『共感的理解』といいます。けれど同時に、その感情に巻き込まれない立場を保つことも求められます。

信長もそれは心得ていて、次のようにねねを諭《さと》しています。

「これ以後は、日々陽気に振る舞い、奥方らしく堂々と構え、嫉妬《しっと》などはせぬほうがよかろう」

そして、お灸《きゅう》を据《す》えるためにも「この手紙は、秀吉にも見せること」と、ねねが泣いて喜びそうなひと言が添えてありました。

ねねもきっとそれに従い、秀吉に大量の冷や汗をかかせたに違いありません。

結局、後に天下人になっても、秀吉の女癖《おんなぐせ》はなおりませんでした。しかし、ねねも、そして秀吉も、後々まで信長の教えを守り、お互いの顔を立てることを忘れることはなかったといいます。

「中途半端」でやめたほうがいい時

アーネスト・ヘミングウェイ

小説家というと、部屋にこもって執筆活動に勤《いそ》しむ姿を想像してしまいますが、そのイメージを覆した作家、それがアーネスト・ヘミングウェイでした。

幼い頃から父の影響で釣り、狩猟《しゅりょう》、スキーなどに興《きょう》じ、長じてからは東アフリカまで出かけて猛獣狩りをしたり、スペインでは闘牛、パリではボクシングとますます趣味も行動範囲もグレードアップしていきました。

また、**若くして新聞記者になったことで、海外の戦場にも取材に出かけていくなど行動はどんどんアグレッシブになっていきます。**

そして、記者の仕事をしながら重要なことを学びます。まず、文章は簡潔であること。それが後に彼によって完成されたといわれるハードボイルド・スタイルの文章のもとにもなりました。

ハードボイルドとは、感情的・情緒的な表現が少なく、客観的な事実を簡潔な文章で表現する手法のこと。その文章は、シンプルながらもイメージをふくらませることができるので、読み手を味わい深い世界へといざないます。

第二は現場主義。事件が起きた現場で自分の目と耳で事実を確認してこそ、本物の記事もしくは文章が書けるのだという確信でした。

ヘミングウェイが後に発表する小説のほとんどが彼の実体験に基づいているのは、そうしたライフ・スタイルの延長であったからなのでしょう。

アグレッシブさは私生活でも発揮されます。彼は結婚するたびに別の女性と不倫を繰り返し、生涯で4度の結婚、3度の離婚を経験したほどでした。ヘミングウェイは自分が甘えられる女性にはついつい惹《ひ》かれてしまうタイプだったようです。

豪快でマッチョな男というイメージの強い人ですが、幼い頃から母と衝突していた彼は、内面では愛に飢えていたのかもしれません。

ちなみに、そうした恋愛面での実体験は創作活動にもちゃんと生かされており、最初の妻の時には『日はまた昇る』、2番目の妻の際には『武器よさらば』、3番目の妻の時には『誰がために鐘は鳴る』、そして4番目の妻の時には後にノーベル文学賞を受賞することになる『老人と海』をものにしています。

そんなヘミングウェイから、筆者もちょっとした裏ワザを学んだことがあります。それは、文章を書き続けるコツです。

「継続は力なり」とはいいますが、毎日何かをし続けるのは思った以上に大変なことです。なかなか一つのことを継続できずに悩んでいる人も多いのではないでしょうか。

実は、ヘミングウェイ自身もそうだったようです。特に、キューバのハバナにいた頃は執筆作業を始めても、大好きなモヒートやフローズンダイキリの誘惑に負けてすぐにペンを置いてしまうことも多かったと思われます。

厄介《やっかい》なのは、いったん休むとまたエンジンをかけるのに時間がかかることです。

そこで彼は、執筆作業を中断した後でも、机に戻ってきてすぐに執筆を再開できるように、ある工夫をしました。

それは、中断する時、キリのいいところで終わらせずに、文章の途中で終わらせることでした。当然、中途半端で未完成の文章になってしまいますよね。

するととを人間不思議なもので、そのことが気になって頭から離れなくなってしまうのです。心理学でいうところの『ツァイガルニク効果』が働くからです。

これは、**未完成なものや何らかの理由で中断されたものは、人間の注意や関心をひきやすいという心理現象を表わす言葉**。

テレビ番組でコマーシャルになる前に、「この後、大変なことが！」などというテロップが流れると、気になってチャンネルを変えられなくなるのは、このツァイガルニク効果が働くためです。

ヘミングウェイは、その効果をうまく利用して、中途半端な文章で終わらせることで、そのあとすぐに未完成部分から執筆を開始できるように工夫していたというわけです。

実際、これはとても効果があります。筆者も実証ずみです。なので、この執筆促進法を彼の名にちなんで『ヘミングウェィ効果』と呼ぶ心理学者もいるほどです。

この効果はいろんな場面で活用できます。あなたも「面倒な作業は、中途半端で終わらせる」を試してみませんか。

「私はすごい!」……『自己暗示』のかけ方
モハメド・アリ

「チョウのように舞い、ハチのように刺す」と形容された軽やかなフットワークとスピードのあるパンチで、ボクシングファンのみならず世界中の人々を魅了したのが、プロボクシングのヘビー級王座を3度も獲得したモハメド・アリ。

アリが登場する前、ヘビー級の試合といえば大男が足を止めて力一杯打ち合うのが通例でした。その固定観念を鮮やかに打ち破ったのがアリでした。

アリが一躍脚光を浴びたのは18歳の時。ローマ五輪で金メダルを獲得したのです。しかし、時は人種差別が横行していた1960年。帰国後、故郷のケンタッキー州のレストランで相も変わらずの差別を受けた彼は、悔しさのあまりに金メダルを川に投げ捨ててしまいます。

その後、22歳でイスラム教に入信したアリは、デビュー当時の名前カシアス・

クレイからモハメド・アリに改名します。

25歳の時、ベトナム戦争に否定的だった彼は徴兵《ちょうへい》を拒否。そのためボクシング・ライセンスを剝奪《はくだつ》され、獲得していたチャンピオンベルトも返上させられてしまいます。

有為転変《ういてんぺん》は世の習いとはいうものの、アリの前半生は激し過ぎて目がまわりそう。3年7カ月間のブランクの後、ボクシングの世界に復帰したアリが当時史上最高のハードパンチャーといわれたジョージ・フォアマンをKOで破り、王座奪還を果たしたことはボクシングファンならご存じの通り。

アリが社会の耳目《じもく》を集めたのは、そうした行動面が注目されただけではありませんでした。

特に、**マスコミが飛びついたのは、アリが「ビッグマウス」と異名を取るほど大口を叩くことで有名だったから**です。とにかく試合前には対戦相手をこれでもかというほど挑発し、こき下ろし、自分の強さをアピールしまくります。

「俺は世界の王だ。俺は最高。俺は偉大だ。世界を揺るがした」

「あいつは不細工だね。世界王者は俺ぐらいハンサムじゃないとな」
「俺を打ち負かす夢でも見たんなら、目を覚まして俺に謝りな！」

と、まあ、言いたい放題。しかも、「ヤツを5ラウンドに倒す」といった予言めいた大口をリングの上で証明してしまうものですから、人気はもう天井知らず。大口を単なる大口で終わらせないで、それを真実に変えてしまうところがアリの真骨頂。口先だけではない有言実行の男。それがアリの魅力でした。

ビッグマウスをビッグマウスに終わらせなかったのは、もちろんボクサーとしてのたぐいまれな実力があったからでもありますが、これは、アリにとって自身のメンタルを強化するのにも役立っていたと思われます。

「俺は強い！」「俺は勝つ！」と叫ぶことで、周囲に自分の強さをアピールするだけでなく、自身にも暗示をかけていたのです。

その効果は、最近の研究でも確かめられています。

イギリスのスポーツ心理学者、アンドリュー・レイン教授ら研究チームが、アリと同じように**「私はできる」と自分に言い続けると、本当にパフォーマンスを**

発揮できるようになるという研究を科学誌に発表しているのです（2016）。

研究チームは、やる気を起こさせるためにはどんな方法が効果を上げるかを調べるために、インターネットを通じて16〜91歳の男女44742人の協力者を集め、さまざまなオンラインゲームを競い合ってもらったのだとか。

その結果、競技の最中に、「私はできる！」「次回は必ずうまくいく！」「よし、自己ベストを出すぞ！」などと絶えず独り言を発し、自分を鼓舞したグループが、それ以外の方法、たとえばゲーム前に成功する自分の姿を想像するイメージトレーニングをしたグループなど、より段違いの好成績を上げたのです。


強心臓と思われていたアリでも、新人時代は試合前には緊張と重圧にナーバスになりがちな普通の選手だったそうです。

それを見た先輩がアリにこうアドバイスをしたのだとか。

「不安を不安として心の中にわだかまらせてはダメだ。思い切って外に向かって吐き出せ。あいつはバカだと言われたってかまわないじゃないか」

アリはそのアドバイスを見事に実行してみせたのですね。

「ポジティブ変換」は〝とんち〟方式で

一休宗純

一休さんといえば、「このはし渡るべからず」や「屏風《びょうぶ》の虎」などの難題を次々と〝とんち〟で解決する可愛いお坊さんとして説話やアニメで有名ですが、そのモデルとなった人物が一休宗純《そうじゅん》。今から約600年も前の室町時代の人物です。

小さい頃からとても賢い人だったようで、6歳の時に、京都にある安国寺《あんこくじ》というお寺に入って修行を積み、15歳の時には、漢詩をつくる力のすばらしさが認められ、洛中《らくちゅう》（京都の街）で大評判になったといいます。

そんな一休さん（当時の名は周建《しゅうけん》）が〝とんちの名人〟とされるようになったのは、彼が亡くなって200年ほど後の江戸時代に出版された『一休咄《ばなし》』という本で紹介されてからのようです。

その本は、事実の部分は申し訳程度で、多くは関係のない人のとんち話や笑い話が一休さんの話として記載されています。私たちが子どもの頃からなじんでいるのは、こちらの一休さん像なのでしょう。

でも、モデルにされたからには、一休さんご本人にも大人や権力者を皮肉ったり機転でやり込めるような逸話があったのではないだろうかと調べてみると、確かに普通のお坊さんではなかったようです。というより、**かなり破天荒《はてんこう》な、いわゆる破戒僧《はかいそう》ではあった**ようです。

たとえば、僧侶の身でありながら仏教で禁じられている飲酒をしたり、獣《けもの》の肉を食べたり。阿弥陀如来像《あみだにょらいぞう》を枕にして昼寝をしたり、手にしていた杖《つえ》の先はドクロの彫刻がしつらえてあったり……。

また、その時代の国の長である将軍・足利義政と、その妻・日野富子を声高《こわだか》に批判したりと、やりたい放題、言いたい放題。

そういった奇行が一般民衆に大いにウケたようなのです。時流にこびない反逆者（アウトロー）に庶民が魅力を感じるのは、どの時代でも変わりません。

一説によると、この一休宗純、後小松天皇の落胤《らくいん》（落しだね）ともいわれており、だからこそこんな破天荒が通ったという説もあります。その意味では、時代劇の桃太郎侍《ざむらい》のような存在であったのかもしれませんね。

そんな一休さんが悟りを開いたのは27歳の時。湖を渡るカラスの鳴き声を聞いたのがきっかけだったといいますから、やはり変わっています。

師事していた高僧から「一休」という名を授かったのはその頃。

「一休」という名前は、「人間の持っている悩みと悟りの間で一休みする」という意味なのだとか。

閑話《かんわ》休題。一休さんといえば、やはり〝とんち噺《ばなし》〟。

〝とんち〟とは「その場に応じて即座に出る知恵」という意味ですが、一休さんはどうして機転を利かせることができたのでしょう。

心理学的に見てみると、一休さんは『**リフレーミング**』の達人だったようです。

リフレーミングとは、**「物事を別の角度から解釈し直すこと」**。困ったこと、嫌なことをポジティブに変換する思考テクニックです。

たとえば、仕事で失敗すると誰だって嫌な気分になります。そんな時はリフレーミングして「失敗は貴重な経験。それができてよかった」と思えば前向きになれます。「コロナ禍で家に引きこもってばかりだった」も「おかげで料理が趣味になった」とリフレーミングすればポジティブになれます。

一休さんの機転もリフレーミングの賜物です。

「このはし（橋）は渡れなくても、はし（端）なら渡れるということだよね」とリフレーミングして問題を解決してしまいました。

また、足利将軍から「屏風に描かれた虎が夜になると飛び出してきて困るから縛ってくれ」という無理難題を突きつけられた時も、「縛ってくれとは頼まれたけど、捕まえて縛ってくれとは頼まれていないから、縛り役に徹すればいいんだな」とリフレーミングして、「ならば縛りますから、まず虎を屏風から追い出してください」と注文をつけて、将軍を苦笑いさせてしまいます。

このようにリフレーミングして考えることを習慣にすると、物事をさまざまな角度から解釈する力が身につき、ちょっとしたことではへこたれない柔軟なメンタルが養われます。

あなたも一休さんを見習って、物事をリフレーミングして考えてみませんか。

無理と思う「先入観」を消していく

ニール・アームストロング

「人間にとっては小さな一歩だが、人類にとっては偉大な一歩（飛躍）である」

これは、宇宙飛行士ニール・アームストロングが1969年7月20日、人類として初めて月面に足をつけた時に地球に送ったメッセージです。

その歴史的瞬間を人類の5分の1が見ていたといわれています。

アメリカ大統領ジョン・F・ケネディが放ったひと言、「アメリカは1960年代のうちに月に人を到達させる」を実現させるために、数百人の優秀なパイロットが集められました。

その中で厳しい試験をクリアしたのが、ニールを含む9人の精鋭たち。「ニュー・ナイン」と呼ばれた彼らは、月に行くことを目的に組織されたチームでした。

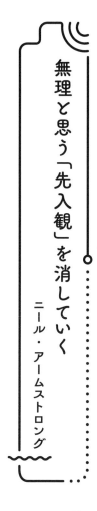

中でも断トツの冷静さを発揮したのがニールでした。彼の初めての宇宙での任務、人工衛星とジェミニ8号の結合を成功させた時、緊急事態が起こります。結合した状態でジェミニ8号が回転し始めたのです。

無重力状態でそうなると、操縦はおろか回転を止めること自体不可能になります。船内も管制室も焦《あせ》る中、ニールだけは沈着冷静に人工衛星からジェミニ8号を切り離しました。それでも回転は止まらず、ますます加速していきます。

そこからがニールの見せ場でした。彼は結合する時に使う逆噴射エンジンを使い、高速で回転する船体に合わせて的確に噴射し、力ワザで回転を止めたのです。

この出来事が高く評価され、ニールは月に降り立つメンバーに選ばれます。後の2人は、ニューナインの中で最もIQの高いバズ・オルドリンと、月に降りるニールとバズを司令船から支援するマイケル・コリンズでした。

7月20日、司令船から着陸船を切り離し、ニールとバズの乗る着陸船は月へと降下していきます。しかし、ここで緊急事態が起こります。月面上の着陸地点を4秒早く通過していたのです。なんだ4秒かと思うかもしれませんが、それは安全に着陸できる地点を通り過ぎたことを意味していました。

そんな時、船内に警報が鳴り響きます。着陸船に搭載されているコンピュータがオーバーフロー（処理能力を超えた状態）を起こしたのです。しかし、ニールはここでも冷静でした。

自動操縦からすぐ手動に切り替え、予定していない場所への着陸を決断します。しかし、そこは車ほどの大きさの岩がゴロゴロしている場所で、安全に着陸できる保障はどこにもありませんでした。

さらに問題がもう一つ。着陸用の燃料が底を尽きかけていたのです。

他の場所を探す余裕はなく、しかもタッチダウンのチャンスは一度だけ。ニールは目視《もくし》で民家の庭ほどの狭さの平坦な場所を見つけると、着陸を決行します。

そして……、

「ヒューストン、こちら静かの海基地、イーグルは舞い降りた」

こうして人類は月へと降り立ったのです。燃料の残りは17秒分だったのだとか。

いかなる危険な状況に遭遇しても冷静沈着に物事を判断し行動することが求められるのが宇宙飛行士ですが、ニール・アームストロングは常に最適の判断で絶体絶命の危機をくぐり抜けたのです。

そんなニールに備わっていたのは、心理学でいえば**『グリット（GRIT）』**だと思われます。「やり抜く力」と定義されていますが、**困難に遭《あ》ってもくじけない闘志、気概《きがい》や気骨などの意味を表わす言葉**で、社会的に成功している人たちが共通して持つ心理特性として、近年注目を集めているのです。

この言葉の提唱者である心理学者のアンジェラ・リー・ダックワース教授によれば、グリットは生まれ持った能力ではなく、今からでも身につけることができるものなのだとか。また、知識や才能がなくても、グリットを強く意識して実践に生かすことができれば、物事を成功に導くことができるといいます。

そして、グリットを伸ばし、育てる方法として「今より少し難しいことに挑戦する」ことを第一に挙げています。

普段できることを続けていても、グリットを育てることにつながりません。まずは「無理」という先入観を持たず、「もしかしたら、できるんじゃないか」「どうやったらできるだろうか」と、物事を前向きに捉《とら》えるクセをつけていく。それが重要だというのです。

さて、あなたなら、グリットを育てるために、まず何に挑戦してみますか？

相手の印象に残る人、残らない人の差

伊達政宗

「あと20年生まれるのが早かったら天下を取れた」と言われている武将がいます。それが、仙台藩の主、伊達政宗。「独眼竜《どくがんりゅう》」の異名を持つ戦国大名です。

政宗は永禄10（1567）年の生まれ。織田信長が天文3（1534）年、豊臣秀吉が天文6（1537）年、徳川家康が天文11（1543）年と、みな天文年間の生まれですから、3人の覇者とは親子ほどの年の差があります。確かに天下を狙うのには、生まれるのが少々遅かったのかも。

けれど、政宗だって3人に負けてはいません。なにしろ、今でもおしゃれな男性を表わす「伊達男」という言葉は、伊達政宗がもとになっているのですから。

言葉が生まれたきっかけは、豊臣秀吉が朝鮮出兵を企《くわだ》てた時のこと。

その出陣式での伊達軍の行列衣装に都の人々はあっと驚きました。

なにしろ、紺地に金の日の丸の幟《のぼり》に、黒母衣《くろほろ》に金の半月で、腰には黄金の太刀を帯びており、馬には豹《ひょう》・虎・熊の毛皮に孔雀《くじゃく》の羽を施していたというのですから、それはそれは目立ったことでしょう。そうした奇抜な行動であっといわせた政宗のことを、人々はもとから使われていた「男だて」の「だて」に「伊達」を掛けて、「伊達男」と呼んではやし立てたのでした。

政宗という人は、とにかく新しいこと派手なことが大好きで、またそれを人々が見て驚くさまを眺めて悦《えつ》に入《い》るという、いわば戦国きってのパフォーマーでした。 もし政宗が現代に生きていたら、絶大な人気を誇るユーチューバーになっていたかもしれませんね。

そんな政宗には、次のような逸話も残っています。

23歳の時、天下を統一した秀吉から、「小田原の北条氏を攻めるので、参陣するように」との命令が下りました。ところが、伊達家は北条家と同盟を結んでいた間柄。政宗はどちらに味方してよいものかと悩みます。

結局は秀吉の味方をすることにしたのですが、決断した頃には戦はすでに終わりかけていました。戦場への遅参《ちさん》は武門の恥であるし、秀吉が激怒することは目に見えていましたし、家を取りつぶされても文句は言えません。

そんな一大事においても、政宗は戦国随一のパフォーマーぶりを発揮します。なんと死装束《しにしょうぞく》を身にまとって秀吉の下に参上したのです。

秀吉はその姿に驚くとともに大笑いをし、一部の所領を没収するだけで政宗を許してしまいました。

実は、このパフォーマンスには政宗一流の計算があったと思われます。こんな芝居がかったことをしたのは、政宗が秀吉の好みや性格をよくつかんでいたからなのです。

機を見るに敏、つまり、都合のいい状況や時期をすばやくつかんで的確に行動することにかけては、秀吉の右に出る者はなかなかいません。秀吉も、政宗に負けず劣《おと》らず意外性のある行動で人の心をつかむ名人なのです。

そんな相手には、理屈を並べて謝罪をするよりも、パフォーマンスで示すほうが有効に違いないと政宗は判断したのです。相手に合わせて謝罪のスタイルを自在に変える、それが政宗流であったということ。

日本で最も好まれる謝罪表現は、「責任を認め、被害者を労《いたわ》り、今後二度と同じようなことを起こさないと誓う」という組み合わせだといいます。

でも、それだけでは謝罪として不十分かもしれません。

『メラビアンの法則』というのをご存じでしょうか。1971年にアメリカの心理学者アルバート・メラビアンが提唱したもので、**ノンバーバル（非言語）コミュニケーションの重要性を説明した法則**です。

これは、会話中にバーバル（言語）情報とノンバーバル（非言語）情報に矛盾《むじゅん》があった場合に、人はどのような情報を重視するのかを実験で明らかにしたもの。

結果は、「言葉情報（話の内容など）＝7％」「聴覚情報（声の大きさや質など）＝38％」「視覚情報（見た目、表情など）＝55％」となりました。

つまり、聞き手は相手の言葉よりも、言葉以外（ノンバーバル）の情報を重視しやすいということです。

この法則からも、政宗の謝罪が秀吉に受け入れられたのは、言葉による謝罪ではなく、死装束と決死の形相（ノンバーバル）で秀吉と対峙《たいじ》したことが功を奏したと思われるのです。万一の時、参考にしていただければと。

「不利な状況」も、メンタル力で逆転！

新門辰五郎

「火事とケンカは、江戸の華！」

大規模な火災が頻発していた江戸の様子と、向こうっ気の強い江戸っ子気質を表わした名文句です。

実はこの言葉には続きがあり、「火事とケンカは江戸の華、またその華は町火《まちび》消《けし》」とも謳《うた》われたのだとか。命がけで猛火に立ち向かう町火消は、誰もが憧れる江戸のスターだったのです。

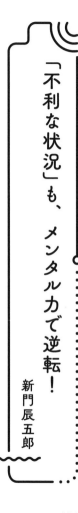

中でも、現代までその名が伝わっているのが新門辰五郎《しんもんたつごろう》。江戸後期に生まれ、激動の幕末を駆け抜けた実在の人物です。

いろは47組（後に48組）あった町火消の「を組」の頭として、数々の火事の現場で陣頭指揮にあたるだけでなく、幕末の大立者である勝海舟と親交を深め、その縁で最後の将軍・徳川慶喜の覚えもめでたかったという、まさに江戸っ子の鑑《かがみ》のような存在、その人物こそ新門辰五郎だったのです。

幼名は金太郎。幼くして飾り職人だった父を火事で亡くした金太郎でしたが、奇《く》しくも金太郎と同じ年頃の息子を亡くしていた「を組」の頭・町田仁右衛門に気に入られ、息子の名前であった辰五郎をもらい受け、火消のいろはを学んでいきます。

そんな辰五郎の名が江戸中に広まった事件が22歳の時に勃発します。

その頃の辰五郎の役割は纏《まとい》持ち。火事場の最前線に立ち、纏を高く掲げて火元や風向きを知らせ、火消たちの士気を高める大切な役割でした。若く体力のあるエースが務める花形だったともいわれています。

地元である浅草で起きた火災現場に急行した時のこと。辰五郎が纏を屋根に立てたところ、遅れてやってきたさる大名火消がその纏を倒したのです。

頭に血が上った辰五郎は、大名火消を纏で殴り、相手の纏ごと屋根から転落させました。

その場は「を組」の頭である仁右衛門が、仲裁に入ってなんとか大ごとにならずにすみましたが、怒りの収まらぬ大名火消側は下手人《げしゅにん》を出すように迫ります。

そこで辰五郎は、なんと大名屋敷まで乗り込んで、あぐらをかいて座ると、こうタンカを切ったのです。

「俺ァ逃げも隠れもしねえ！　勝手にしやがれ!!」

辰五郎のこの気迫に圧倒され、大名屋敷の侍たちは何もできなかったといいます。この出来事で男を上げた辰五郎は、仁右衛門の娘を娶《めと》って養子縁組し、「を組」の頭を継承することになります。

日本人は世界の国々の人と比べると、交渉が下手だといわれています。

その理由は、日本人は相手の出方を見てから、自分がどのように動くかを決めようとする傾向にあるからです。

あなたも自分の思ったことを言えずに対応が常に後手にまわってしまう……、

そんな経験をしたことがあるのではないでしょうか。相撲の立ち合いもそうですが、受けてから立つというのは日本人の美意識なのかもしれません。

しかし、交渉事となると話は別。「機先《きせん》を制する」といいますが、必ず先に攻撃を仕掛けて、常に自分の有利な形で進めていくことが、交渉の場においては非常に重要なことなのです。

あらゆる交渉の場において、先に条件を出したほうがその後の主導権を握ることができることは、さまざまな心理実験でも確かめられています。

交渉において最初に提示する条件を「アンカー（錨《いかり》）」と呼び、これが交渉結果に影響を与えることを心理学では**『アンカリング』**といいます。

条件（錨）を先に投げ込むことで、相手はその条件の範囲からあまり動けなくなってしまうのです。

たとえば、先に奥さんに「1カ月のお小づかいは3万円ね」と言われてしまうと、値上げ交渉は3万円がアンカー（錨）になってしまいますから、5千円上げるのにもひと苦労してしまいます。

辰五郎は機先を制することで、危機を乗り切ることができたということです。

4章

それは偶然か？　必然か？

——世紀の大発見、大勝利、偉大な作品……
すべてに理由がある！

「ひらめき」を自力で起こす

アルキメデス

アルキメデスは紀元前3世紀頃の古代ギリシャで活躍した科学者です。シチリア島のシラクサに生まれ、「てこの原理」を応用して強力な投石機を発明し、侵略してきたローマ軍を大いに悩ませた人でもあります。

けれど、彼の名を有名にしたのは、やはり数学的発見とそれにまつわる次のようなエピソードでしょう。

ある日、シラクサ王に呼び出されたアルキメデスはこんな難題を吹っ掛けられます。

「最近、予《よ》がつくらせた黄金の王冠が真の純金製か、それとも金に混ぜものをしたものかが知りたいのじゃ。しかし、王冠は絶対に傷つけてはならぬぞ」

王は、王冠をつくった職人が材料として与えた金に混ぜものをして、金の一部をちょろまかしたのではないかと疑っていたのです。

けれど、王冠そのものは芸術性も高くてよい出来なので、溶かして調べるわけにもいかない。そこでアルキメデスの出番となったというわけです。

この難題をどう解決するか、何日も悩みましたが、よい解決法は思いつきません。気分転換でもしようと、アルキメデスは風呂に入ることにします。

そして、湯船につかった時です。アルキメデスは突然、「エウレカ（わかったぞの意味）！」と叫んで湯舟を飛び出しました。

湯船につかると同時にあふれ出たお湯を見て、彼はひらめいたのです。同じように王冠と純金を水中に沈めれば、あふれ出た水の量（体積）の違いで、混ぜものが入っているか、そうでないかがわかると。これが、アルキメデスの原理が誕生した瞬間でした。

このように、**思いがけない幸運を偶然手にすること**を『**セレンディピティ**』といいます。「幸せな偶然」と訳されていますが、こうした偉大な発見や発明は、得てして意図していない偶然の出来事から起こることが多いものなのです。

たとえば、１９２８年に発見されたペニシリンもそう。

発見者のアレクサンダー・フレミングはブドウ球菌の研究中に誤って青カビを発生させてしまいます。失敗かと思いつつ、よく見ると青カビのまわりだけはなぜか細菌が繁殖しないことを発見したのです。その偶然の発見で、青カビからペニシリンを生み出したフレミングは、ノーベル生理学・医学賞を受賞しました。

また、コカコーラの原型となる飲み物は、コカの葉エキスを水で薄めてつくっていたのですが、ある作業員が誤って炭酸水を入れてしまいました。それが思いがけずおいしいと評判になって、コカコーラは生まれたのです。

これらもセレンディピティの例。こんな「幸せな偶然」なら、私たちだって味わってみたいですよね。

セレンディピティを引き起こすためには、偶然の確率を上げる必要があります。

セレンディピティは、いくつもある既存のアイデアが頭の中でビビッと関連づけられた時に起こります。では、どんな時にビビッとくるのでしょう。

それは意識して何かをしようとしている時ではなく、アルキメデスのように気分転換をしている時だといわれています。

事実、科学の発見の多くは「B」で始まる場所の中で生まれるとされています。

それは、bus、bed、bath。「バスや電車の中で揺られている時」「ベッドの中で眠りにつこうとしている時」「お風呂にゆったりつかっている時」の三つ。どれもひとりでリラックスしている状態です。

脳科学によれば、リラックスしている時の脳は、「デフォルト・モード・ネットワーク」という状態になっています。

この状態の脳は、これから何が起こるかわからないので、何が起きても対応できるように、脳のさまざまな部分がONになっています。すると、脳内にある「記憶の断片」がつながって、ひらめきが起こりやすくなるのです。

つまり、**セレンディピティを引き起こしたいのであれば、アルキメデスがそうであったように、リラックスできる環境に身を置くことが必要**だということ。

ただし、ただリラックスすればいいというわけではありません。アルキメデスのように、前提として何かに集中して事に当たる必要があります。

ひらめきを得るためには、その前に脳にさまざまな情報をインプットしておく必要があるということ。なので、「果報は寝て待て」とばかりに、惰眠《だみん》をむさぼっているだけでは幸せな偶然には出会えないということです。残念。

人は「黄金比」に思わず目がいく

真田幸村

戦国時代で最後の戦となる大坂の陣での獅子奮迅《ししふんじん》の戦いぶりから「日ノ本一の兵《つわもの》」と称えられたのが真田幸村（信繁）。

敵将にそう言わしめた幸村は、戦では城を巧みに利用しました。

大坂の陣は前半戦と後半戦があり、「冬の陣」「夏の陣」と呼ばれています。

幸村はそのどちらにおいても大活躍を見せるのですが、その戦術が光ったのは「冬の陣」でした。

豊臣方が籠城《ろうじょう》した大坂城には、南側の守りが薄いという弱点がありました。そこで、幸村はその南側を守るべく、上から見ると半円形で、周囲を堀と三重の柵で囲った堅牢《けんろう》な真田丸《さなだまる》を築いたのです。

当然、真田丸は徳川軍の猛攻にさらされます。しかし、**幸村は城壁付近まで敵**

をおびき寄せてから鉄砲の一斉射撃を浴びせ、それをことごとく撃退してしまいました。

この戦法は、幸村の父である昌幸から学んだものでした。

昌幸と幸村親子は「関ヶ原の戦い」と同時期に起こった「上田合戦」でも、自分たちの城である上田城に籠城して、家康の息子・徳川秀忠率いる3万8千の軍をたった2千の兵でさんざんに翻弄《ほんろう》した実績があったのです。その意味では、真田丸はミニ上田城だったといえるのかもしれません。

真田丸攻略に手こずった徳川軍は兵の消耗も激しく、戦いはいったん休止、和睦《わぼく》に至ります。ただ、和睦の条件として、徳川方から「真田丸の取り壊し」と「大坂城の堀の埋め立て」が提案され、豊臣家がそれを承諾してしまったことで、形勢は一気に徳川有利になってしまいます。

城が裸同然になってしまったことで、夏の陣では豊臣方は籠城することができず、城外へと討《う》って出るしかなかったのです。

それでも、勇猛果敢に戦った幸村でしたが、なにしろ多勢に無勢、激戦の末に幸村は非業《ひごう》の最期《さいご》を遂げてしまいます。

そんな幸村が旗印にしたのが、家紋である〝六文銭《ろくもんせん》〟であったことはご存じの方も多いことでしょう。

「六文銭」とはもともと仏教の「六道銭」からきています。三途《さんず》の川の渡し賃として死者を葬《ほうむ》る時に一緒に埋葬するものとされています。三途の川を無事渡り、成仏《じょうぶつ》が叶《かな》うように祈って「六文銭」を死者への手向《たむ》けとしました。

真田家が「六文銭」を家紋にした由来は、この三途の川の渡し賃にあります。つまり「戦さ場でいつ命を落としてもかまわない」という心意気を表わしているのです。

まさに「日ノ本一の兵」にふさわしい旗印といえますが、この六文銭をデザインとして見てみると興味深い点があります。

というのは、六文銭が3枚ずつ2段に並ぶその形は、ほぼ**「黄金比（Golden ratio)」**になっているからです。

黄金比とは1：1・618……の比率のことで、**人間にとって最も安定し、美しく感じられる比率とされているもの。つまり、形が黄金比に近ければ近いほど、人は心理的に何の抵抗もなく受け入れてしまうということ**です。

たとえば、私たちがビジネスの場で使う名刺も、実は縦横の比率はほぼ黄金比で形づくられています。だから、私たちはすんなり名刺の交換ができるというわけです。

もし名刺の形が正方形だったらと想像してみてください。なぜか違和感を覚えてしまうのではないでしょうか。それは、黄金比の形を人は無意識に心地よいと感じているからなのです。

そう感じてしまうのは、自然界の多くのものが黄金比で形づくられているから。だから、素直に受け入れるのだといわれています。

戦国武将として幸村の人気が高いのは、黄金比を持つ六文銭の旗印のおかげもあったのかも……。そう考えてみると面白いですよね。

ただし、幸村は大坂の陣では、六文銭の旗指物《はたさしもの》は使いませんでした。それは敵の徳川方に味方した、兄・真田信之に迷惑がかからぬよう配慮したためでした。代わりに幸村が使ったのは赤一色の無地の旗指物でした。

そうした気づかいや配慮が利くところも、さすが「日ノ本一の兵」と称えられるだけはありますよね。

ふと思い浮かんだ「！」「？」ほど侮れない

レオナルド・ダ・ヴィンチ

『最後の晩餐《ばんさん》』『モナ・リザ』など、数々の名画を残したルネサンス期の芸術家レオナルド・ダ・ヴィンチは〝万能の天才〟と呼ばれています。

というのも、ダ・ヴィンチは芸術家としてはもちろん、建築、数学、解剖学、地質学、航空工学など幅広い分野で功績を残した超多才な人物だったからです。

中でも天才ぶりを発揮したのはやはり絵画でしょう。ただ、ダ・ヴィンチが生涯で手掛けた絵画で、今も残るのは多くても20点前後だといいます。なぜ〝多くても〟なのかといえば、その中には鑑定家や専門家によってダ・ヴィンチ作か否《いな》かの判断が分かれる作品があるため。

では実際には何点ぐらいがダ・ヴィンチ作といわれているのかというと、多くの書籍や専門家の鑑定では13点〜16点としている場合がほとんど。生涯で約15万点もの作品を残したピカソと比べたら雲泥《うんでい》の差です。

なのに、**ダ・ヴィンチのさまざまな功績が今に伝わっているのは、彼が極めつきの〝メモ魔〟だったから。**約40年間にわたって書きつづった手稿《しゅこう》（ノート）は膨大な量にのぼるのだとか。ただし、残っているのは5000ページほどだといいます。

残された手稿には、大量のメモ書きとともに、ダ・ヴィンチが描いたとされる人体解剖図や、ヘリコプター、戦車、自転車、中には水の上を歩く道具といった忍者ばりの発想から生み出した驚きの草案や概念図が残されています。

万能の天才ダ・ヴィンチならではの知恵と知識、そして科学的考察が詰まったノートの価値は計り知れませんが、ある時、その価値に値段がついたことがあります。

それは1994年のこと。あのマイクロソフトのビル・ゲイツが同年11月に行なわれたクリスティーズ・オークションで、手稿の一部分を落札したのです。

その落札価格は、なんと3080万2500ドル（当時のレートで約30億円）！　ダ・ヴィンチのメモ書きの価値をいかに多くの人が認めていたか、そして、それを手に入れるためには金に糸目をつけなかったことがわかろうというものです。

ダ・ヴィンチは、用途に合わせてさまざまな大きさのノートを使い分けていました。特に、手のひらサイズの小さなノートは、毎日持ち歩いて日々の発見を記録、少しでも心に残っているキーワードや面白いと思った「気づき」を習慣的に記述していたといいます。

脳内に湧き出た「!」や「?」を紙に書き出していく、というのがポイント。この手法は『ブリコラージュ(寄せ集めで何かをつくること)』とも呼ばれており、**発想や思考をまとめるための下ごしらえとしてとても有効**だとして、現代でも多くの科学者や発明家が取り入れています。

また、メモに書いてアウトプットすることで、脳の容量を空けることができます。

数百億の神経細胞でできている脳の記憶容量も有限です。保存できる記憶にも限りがあります。メモをすれば、脳のワーキングメモリ(作業記憶)にいつも余裕を持たせることができるのです。

つまり、ダ・ヴィンチにとって〝メモをとる〟ということは、自分の脳の力を最大限に引き出す技術そのものだったということ。ダ・ヴィンチが万能の天才たり得たのは、メモ魔だったおかげなのかもしれません。

メモをとるのを習慣にすること。それ自体はそれほど難易度の高いことではないですよね。私たち凡人にも参考になるのではないでしょうか。

ただし、ただ単にメモ書きをすればよいというものではありません。

ダ・ヴィンチは、あの傑作『モナ・リザ』を依頼主の手に渡すことなく死ぬまで手元に置き、加筆修正を加えていたといいます。

それと同様に、メモをとったノートもその時々で加筆修正を加え、弟子たちにも書写させました。今もその価値を失わないダ・ヴィンチの手稿（ノート）は、そうした努力の賜物でもあるということです。

「芸術に決して完成ということはない。途中で見切りをつけたものがあるだけだ」

（レオナルド・ダ・ヴィンチ）

「痛いの痛いの飛んでいけ〜！」の効用

安倍晴明

平安時代、政治の中心地である平安京は悪霊《あくりょう》や怨霊《おんりょう》が跳梁跋扈《ちょうりょうばっこ》するところだったようです。

というのも、400年近く続いたこの時代、政治には腐敗と権力争いがつきもので、裏取引きや足の引っ張り合いが日常茶飯事に行なわれ、そのために権力の座から追われたり、悲惨な最期を遂げたりする人は枚挙《まいきょ》にいとまがなかったからです。

その代表格が、菅原道真、平将門、そして崇徳《すとく》天皇。歴史家の中にはこの3人を「日本三大怨霊」と呼ぶ人もいるほどです。

歴史上の偉人としても知られる彼らですが、その悲惨な最期や恨《うら》みの深さから、日本各地でさまざまな災いをもたらす大怨霊となったと伝えられているからです。

怨霊とは、祟《たた》りや災いをもたらす悪霊のこと。強い恨みや憎しみを抱く人の魂が怨霊となって現われるとして恐れられてきました。

実際、この3人の亡き後には、不審な死に方をする人が続出したり、大きな自然災害が起きたりしました。そこで当時の人々は、怨霊を神として祀《まつ》りあがめることで祟りを鎮め、平穏と平和を取り戻そうとしました。菅原道真を祀った天満宮が全国各地にあるのはそのためです。

そんな時代でしたから、**朝廷の官職の一つに陰陽師《おんみょうじ》という役職がありました。**

陰陽師は、中務省《なかつかさしょう》の中にある「陰陽寮」という部署に所属していて、占い・天文・時・暦《こよみ》の編纂《へんさん》を担当していましたが、怨霊に憑《と》りつかれた人の病を治したり、怨霊封じを行なったりもしていたのです。

そんな陰陽師界のスーパースターが安倍晴明《あべのせいめい》でした。

安倍晴明については小説や映画のみならず、フィギュアスケートの羽生結弦《はにゅうゆづる》選手が安倍晴明をモチーフにした演技で金メダルを獲得したことでも話題になったので、ご存じの方も多いのではないでしょうか。

陰陽寮は定員がたったの6人。かなりの狭き門だったため、安倍晴明が陰陽師として頭角を表わしたのは57歳になってからのこと。一躍名を上げたのは、花山《かざん》天皇の持病を得意の占いで治したことがきっかけでした。

頭痛で悩む花山天皇を晴明が占ったところ、天皇の前世が山中での荒行中《あらぎょう》に死んだ僧だということがわかったのです。その僧の頭蓋骨《ずがいこつ》が岩の間にはさまったままになっている。だから頭が痛くなるのだと晴明はいうのです。

晴明はその場所も占いで特定してみせました。

そこへ行ってみると、果たして本当に頭蓋骨がはさまっているではありませんか。そして、頭蓋骨を抜き取ると、天皇の頭痛はウソのように消えてしまったのです。

この一件以来、晴明にすっかり惚《ほ》れ込んでしまった花山天皇は、事あるごとに晴明を呼び出しては祭りごとの悩みからプライベートなことまで、いちいち占わせたといいます。

晴明の摩訶《まか》不思議な力がどれほどのものであったのかを検証するのは、今となっては難しいですが、現代のマジシャンと同じようなトリックを使ったことは十分に考えられます。

花山天皇の頭痛の一件でも、天皇の前世が荒行中に死んだ僧ということを前提にして準備をしておけば、頭蓋骨を晴明が指定した岩場に仕込んでおくことぐらい造作《ぞうさ》もないことですものね。

では、なぜ頭痛が治ったのでしょう。

こちらは『プラセボ効果』を上手に使ったのだと思われます。**プラセボとは、本物の薬のように見えるけれど、実は効く成分が何も入っていない偽薬《ぎやく》のこと。そんな偽薬でも、本物だと思って飲めば意外なほど効果が得られるのです。**

子どもの頃ケガをした時に、お母さんが「痛いの痛いの飛んでいけ〜！」とおまじないを唱《とな》えると、何となく痛みが和《やわ》らいだ気になるのも『プラセボ効果』のおかげ。この『プラセボ効果』は、相手が晴明のような信頼度の高い人物の言葉であればあるほどよく効きます。

この効果をうまく使えば、落ち込んでいる家族や友人の気持ちを和らげてあげることくらいは簡単にできるので、ぜひお試しを。

ただし、その前にあなたの信頼度を高めておく必要はありますが。

「私だって」の手放し方

コロンブス

新大陸を発見したコロンブスには有名な逸話があります。
帰国したコロンブスを祝うパーティで、同席した貴族からこんな心ない言葉を投げかけられるのです。

「誰でも西へ航海すればどこかしらの新大陸に行き当たるのだから、新大陸の発見は大した業績ではない」

コロンブスは国王をはじめ多くの人にその功績を称えられましたが、一方ではその功績に対してこうした否定的な意見を公言する人もいたのでした。
それに対して、コロンブスは「ならば、あなたは道具を使わず手だけを使って卵を立てることができますか？」と問いかけました。

テーブルを囲んでいた人たちは、用意された卵を立てようとあれこれ努力してみましたが、誰ひとり立てられる人はいません。

「こんなこと、誰もできるわけがない」

そう言って卵を投げ出した相手に、コロンブスは「こうやるのですよ」と、自信たっぷりに卵のお尻をテーブルにコン！　と軽く叩きつけて、ヒビを入れてから見事に立たせて見せました。

「今、あなた方は『なんだ、そんなことか』と思われたかもしれないが、私がやって見せるまでは白旗を上げていらっしゃった。**人がやった後でやるのは簡単だが、初めてだとそうはいかない**ということです」

そう言われて、難癖《なんくせ》をつけた貴族は返す言葉を失ってしまったのでした。

これが後に『コロンブスの卵』という言葉を生むことになった逸話のあらましです。

誰かが成功させた後に続いて実行するのは、すでに解決策がわかっているので容易にできます。けれど初めての場合はそうはいきません。思いもよらないトラブルに遭遇する可能性もありますし、手探りで成功へのルートを探し出さなければなりません。

「コロンブスの業績など大したことない」と言った貴族は、そのことが頭からスッポリ抜け落ちていたのです。

心理学に**『後知恵《あとぢえ》バイアス』**という用語があります。これは、**結果を知った時に、それがあたかも最初から予想できていたかのように考えてしまう心理的な傾向を表わす言葉**です。

たとえば、丁字路を右に曲がったばかりに道に迷った時、「ほらぁ、だから左に曲がればよかったんだよ」と文句を言うのも後知恵バイアスが働くからです。

また、ユーチューバーとして成功した友人を見て、「あんなので人気者になれるんだから、いい世の中だよな」とか、「俺ならもっとセンスよくつくるけど」などと憎まれ口を叩いたりするのも同じ心理が働くから。コロンブスの業績にいちゃもんをつけた貴族と同じということです。

人は自分が優れていると思いたい生き物です。そのため、自分の能力を過信してしまうばかりに後知恵バイアスが生じてしまうようです。

そのためか、後知恵バイアスがらみの発言はプライドの高い人のほうが発信しやすい傾向があります。

あなたのまわりにも、「やっぱりな」「ほら見ろ、言わんこっちゃない」と、結果だけを見て後出しじゃんけんのように小言をいう人がいるのではないでしょうか。

特に、そういう上司を持つ部下は大変です。デスクにふんぞり返って結果報告を聞くだけなのに、口から出るのは上から目線の叱責ばかり。それでは、部下はたまったものではありません。

後からなら何とでも言えますものね。結果だけを見て叱る上司は、後知恵バイアスに侵されている可能性大です。しかも、そういう〝ほら見ろ上司〟は部下のやる気を削《そ》いでしまうので、結果として会社の業績を落としてしまいがちです。

あなたにも思い当たる節があって、誰かに「だから言ったのに」と言いたくなっている自分に気づいたら、『コロンブスの卵』の逸話を思い出してみてください。

「相手の隙」は丸見えになる

宮本武蔵

「我、事《こと》において後悔せず」

これは、不世出の剣豪・宮本武蔵の言葉です。
武蔵が書いた「五輪書《ごりんのしょ》」によれば、60余《あまり》の決闘を行ない、そのすべてに勝利したというのですから、武蔵は後悔する必要がなかったのかなと思うかもしれません。けれど武蔵は、この言葉には違う意味を込めたかったようです。
「決闘に際して、自分は事前の準備を怠《おこた》らず、心理戦においても優位に立つべく最大限の努力をした。だからこそ、あの時こうしていれば、ああしていればと思いわずらうことはなかったのだ」と。

武蔵は勝負の要諦《ようてい》を、「相手の裏をかき、機先を制す」ことと考えていました。

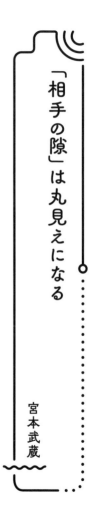

つまり、敵が行動を起こす前に、その出鼻をくじくことで優位に立つことを心がけたのです。考えてみれば、命がけの勝負ですから当然かもしれません。

実際、武蔵は相手の背後から斬《き》りつける、約束の時間に現われないなど、敵の予想をことごとく裏切る行為に出て、心理面で優位に立ち、その上で勝負して勝利を得ていたのです。

その典型的な決闘が〝巌流島《がんりゅうじま》の戦い〟でした。

勝負の相手は、佐々木小次郎。武者修行のために諸国を遍歴し、「岩流《がんりゅう》」と呼ばれる流派を創始した名うての剣術使いでした。

小次郎といえば、物干し竿《ざお》と呼ばれる三尺余《さんじゃく》（約90センチ）の長い太刀を使うことで有名で、得意の剣法は「燕返《つばめがえ》し」。剣の腕だけで見れば、武蔵と小次郎は互角と見られていました。

その相手に確実に勝利するために、武蔵はさまざまな心理戦を仕掛けました。

まず、武蔵は船宿の主人から船の櫓《ろ》をもらい受けます。その櫓を削り、小次郎の大きな太刀よりも50センチほども長い4尺6寸（約138センチ）の木刀をつくりました。

そんなものをつくったのは、小次郎が最も強みとしていた長い太刀の優位性をなくすことで相手に動揺を与えるためでした。

そして、決闘の当日、武蔵は約束の時間が午前8時頃であったにもかかわらず、午前10時過ぎに到着します。

小次郎からは二度も督促《とくそく》の使いが来たとされていますが、武蔵に急ぐ様子は見られませんでした。つまりわざと遅刻をしたのです。

武蔵は船を下りると、波打ち際をゆっくり歩き、手ぬぐいで鉢巻《はちまき》をします。その間に太陽を背にする位置と小高くて有利な場所を探していたと思われます。

当然、待たされた小次郎はイラついていました。しかも、武蔵が手にしているのは長大な木刀ですから、困惑もしていました。

「約束した刻限に遅れおって。臆《おく》したか、武蔵!」と、罵声《ばせい》を浴びせます。

しかし、武蔵はそれを無視。

その態度に小次郎はさらにイラ立ち、刀を抜くと鞘《さや》を海に投げ捨てます。

それを見た武蔵は「小次郎、敗れたり!」と叫びます。

「何と?」と聞き返した小次郎に、武蔵はこう言い放ちます。

「決闘に勝とうとする者が、どうして鞘を捨てようぞ！」

その言葉に自制心を失ったのか、小次郎は怖ろしい形相で長刀を振り上げ、武蔵の眉間《みけん》をめがけて切りつけます。けれど、その切っ先が武蔵の眉間に触れる直前に、櫓の木刀が小次郎の脳天にめり込んでいました。

こうして勝負は一瞬で決着しました。小次郎は武蔵が仕掛けた心理戦にまんまとハマり、平常心で立ち合うことができなかったのです。

ビジネスの世界でも自分の立場を優位にするために、武蔵のような心理戦を仕掛けてくる人は必ずいます。そんな時、小次郎のようになってしまっては、あとあと後悔するばかりです。

相手の態度に圧力を感じた時は、自然と呼吸が浅くなっています。ですから、まず呼吸を整えることが肝心。**深呼吸をする、それだけで自律神経やホルモンのバランスが整い、平常心を取り戻すことができ、質の高い思考や行動を生み出せます。**

プレッシャーを感じたら深呼吸。それを習慣づけましょう。

失敗するから「得られるもの」がある

ジョルジュ・メリエス

あなたは、顔のあるヘンテコな月に砲弾型のロケットが突き刺さった画像、あるいは動画を見たことはないでしょうか。

もしあるとしたら、それが〝史上初のSF映画〟である『月世界旅行』のワンシーン。そして、その作品を撮った人物こそがジョルジュ・メリエスです。

元祖SF映画ともいうべき作品が誕生したのは、1902年のこと。フィルムに撮影された映画をリュミエール兄弟が世界で初めて公開上映したのは1895年ですが、そのわずか7年後にこんな鮮烈な作品がつくられていたというのは驚きです。

というのも、**それまでに上映されていた映画は、人や風景が動いて見えるだけで、ほとんど物語性はありませんでした。**いわば〝動く写真〟だったのです。

リュミエール兄弟が上映したのも、列車が駅に入ってくるシーン、工場から仕事を終えた人々がぞろぞろ出てくるシーンなど、単純なものばかり。とはいえ、誰もが写真が動くのを見るのは初めてですから、劇場内は驚きの声とため息が充満していたといいます。その観客の中にジョルジュ・メリエスもいたのです。

そして、「これは画期的な発明だ!」と、映画に夢中になり、自分でも映画をつくろうと八方手を尽くしてカメラ、フィルム、映写機を手に入れてしまいます。メリエスの職業はマジシャン。マジシャンは目の前で摩訶不思議で有り得ない現象を起こして、人を驚かせ、感動させるのが仕事です。

「映画ならもっとすごいことができて、観客を夢中にさせられるはず」

そう彼は確信したのです。

メリエスは仲間を集めて撮影隊を結成し、あちこちに撮影に出かけました。

そこで、**彼はちょっとしたミスを犯してしまいます。街の雑踏を撮影中にカメラが故障してしまった**のです。その場はなんとか故障を直し、同じ場所で再びカメラをまわし始めました。

ミスに気づいたのは、それを現像して映写した時です。不思議なことに、それまで映っていたバスが突然、霊柩車《れいきゅうしゃ》に入れ替わっていたのです。

いかにも初心者らしいミス。でも、メリエスは目を輝かせました。それは、マジックでいえば何もなかった檻《おり》に突然ライオンが出現するようなものだったから。

この現象を映画用語を使うと、メリエスは「ストップモーション」のやり方を偶然発見したのです。つまり、今からすれば当たり前の映像技術も、このちょっとしたミスから生まれたということ。まさに「失敗は成功のもと」です。

マジックだと大がかりな仕掛けが必要なのに、それがカメラを止めるだけでできるのです。メリエスはますます映画にのめり込みました。そして、忍者が使う分身《ぶんしん》の術のように、ひとりの人物が何人にもなって画面に映る多重露光や、対象物の大きさが変化するズームイン・ズームアウトの技法。さらにコマ落としなど、今も特撮で使われている技術を次々に開発していきました。

そうした技術を集大成してつくり上げた映画が『月世界旅行』だったのです。観客の度肝《どぎも》を抜いたこの作品が世界中で大ヒットしたのは言うまでもありません。

失敗をしても、それを成功に結びつけられる人と、そうでない人には心理面に大きな違いがあります。メリエスのように「失敗は成功のもと」を地でいける人は、総じて失敗をあまり気にしないタイプが多いのです。

それに対して、なかなか失敗を成功に結びつけられない人は、いつ失敗をしてもいいように予防線を張るタイプが多いようです。

心理学では**『セルフハンディキャッピング』**といいますが、**人は時に自分自身にハンディキャップを課すことで、たとえ失敗をしても「それは○○のせいだ」と言い訳ができるようにして、自尊心を守ろうとすることがある**のです。

試験の前に、「体調が悪くて、全然勉強できなかった」とか、「新発売のゲームが超面白くて、結局徹夜しちゃってさ」と、先に成績がふるわない時のための言い訳をするのは、まさにセルフハンディキャッピングのなせるワザ。

「それくらい言わせてよ」と思うかもしれませんが、セルフハンディキャッピングをする人は、物事の成功率が〝しない人〟に比べ低くなる傾向があるのです。

無意識のうちに「失敗してもOK」という考えを持ってしまうため、成功率が下がってしまうのです。ふだんから言い訳はなるべく控える。それが失敗を成功に導く鍵だということです。

「的外れな判断」をしてしまうのは

コナン・ドイル

代表作であるシャーロック・ホームズシリーズが大ベストセラーとなり、現代まで続くミステリー作品の基礎を築いた作家、それがコナン・ドイルです。

ただ、作家業は本職ではなく、あくまで副業で始めたものでした。もともとは医者をしており、小説は仕事の空き時間の副業として始めたものだったようです。

一説によると、開いた医院の評判があまり芳《かんば》しくなくて閑古鳥が鳴く日が続き、小説でも書いていなければ時間を持て余してしまうからだったのだとか。

それが大ベストセラーを生むきっかけとなったのですから、人生というサイコロは振ってみないとわかりませんね。

シャーロック・ホームズのモデルとなったのは、エジンバラ大学の医学部時代の恩師、ジョセフ・ベル教授。

ベル教授は患者を目の前に座らせただけで、症状だけでなくその経歴までも言い当ててしまうような鋭い観察眼の持ち主であったのだとか。それに感銘を受けたドイルが、教授をモデルにシャーロック・ホームズを書いたとされています。

ホームズの「芸術家肌で推理の天才、でもちょっと偏屈《へんくつ》で孤高の人」というキャラクターも、もしかしたらベル教授からいただいたものかもしれません。

ホームズの相棒であるジョン・ワトソンは、軍医を経て開業医になった人で、物語は彼を語り部《べ》として進行しますし、事件の経緯を記録したものが小説になったという体《てい》になっています。

つまり、その経歴から役割までワトソンはドイル本人が下敷きになっているということ。ということは、「誠実で包容力があり、几帳面でメモ魔。その一方、方向音痴《おんち》で惚れっぽい」といったワトソンのキャラクターも、ドイルが持ち合わせていたのかもしれませんね。

「わからないのは見えないのじゃなくて、不注意だからさ。見るべき場所を見ないから、それで大切なものをすべて見落とすのさ」

これは、的外《まとはず》れな判断をするワトソンをホームズがたしなめた言葉です。

実のところ、ホームズのような能力を持たない私たちは、的外れな判断――勝手な思い込みで勝手な判断をして、肝心なものを見逃してしまいがちです。

心理学では**『確証バイアス』**といいますが、**人は自分がすでに持っている先入観で、自分にとって都合のよい情報ばかりを集めてしまう傾向がある**のです。そして、都合の悪い事実は無視したり、探す努力を怠ったりしてしまいます。

たとえば、血液型による性格診断を信じている人は、O型の特徴である「おおらか」「社交的」「頑張り屋」といった情報が先入観として刷り込まれているので、相手の血液型がO型だと知ると、それに合致する部分だけを見て、「やっぱりね、あなたって大らかな性格してるもん」と勝手にひとりごちてしまいがちです。たとえその人に神経質な部分があっても、それは無視してしまうのです。

能力のない探偵や刑事もそうで、あいつが犯人クサいと思ったら、それに合致する情報（証拠）ばかりを集めてしまいます。その結果、誤認逮捕をして、えん罪を生むことにもなってしまうのです。

そんな確証バイアスから逃れるためには自分がバイアス（思い込み、先入観）

で凝《こ》り固まっていないかを疑う必要があります。ホームズのような名探偵はそれができるから真相にたどりつけるというわけです。

ドイルが初めてホームズを登場させたのは『緋色《ひいろ》の研究』（1887）でしたが、大ヒットを飛ばしたのは5年後に発表した『シャーロック・ホームズの冒険』です。

ところが、大ヒットからわずか2年後、ドイルは早くもホームズが滝に落ちて死亡するという作品を発表してしまいます。

彼は、自分の本分は歴史小説を書くことにあると思っている人でした。もうホームズからは解放されたい。なのに、読者も出版社もそれを許してくれない。ならば、ホームズをこの世から消し去るしか方法はない。そう思い込んでしまったようなのです。それも確証バイアスだったのかもしれませんね。

しかし、ドイルは読者を甘く見ていました。ホームズ復活を望む読者の声はドイルの想像を超えており、結局、シリーズを再開させることになるのですから。

迷った時は「二つにしぼる」といい

チェ・ゲバラ

チェ・ゲバラがどういう人物だったかは知らなくても、Tシャツにプリントされた彼の顔なら知っているという人って案外多いかもしれません。

彫《ほ》りが深く、野性的なのに甘いルックスをしたゲバラの顔はTシャツにプリントすると確かに映えます。ですから、若い人たちが好むのも納得です。

でも、せっかく着ているのですから、Tシャツの顔がどんな人なのかを知っておいてもいいのではないでしょうか。


チェ・ゲバラは、フィデル・カストロらとともに独裁者を打倒し、キューバに社会主義政権を打ち立てた「革命の英雄」です。

でも、最初から革命運動に血眼《ちまなこ》になっていたわけではありません。

アルゼンチンの裕福な家庭に生まれたゲバラでしたが、喘息《ぜんそく》に悩む幼少期を過ごしたためか、選んだ大学の学部は医学部でした。ゲバラは医者になったのです。

そんなゲバラが革命運動に興味を持ったのは、大学在学中のこと。バイクでラテンアメリカ中を放浪する旅へ出たのです。

そこで目にしたのが貧困にあえぐ人々の姿でした。

ボリビアを旅した時は、圧政に苦しんでいた若者が蜂起《ほうき》する姿を見てゲバラの血が騒ぎ出します。また、グアテマラでは新しく発足した左翼系のアルベンス政権がアメリカの軍事介入で崩壊してゆくさまを目撃します。その後、メキシコで出会ったのが、キューバから亡命してきていたフィデル・カストロでした。

当時のキューバはバティスタ政権の時代で、大国アメリカを後ろ盾《だて》にして独裁政治を行なっていました。カストロは裕福な弁護士でしたが、貧しい人々を救うために武装蜂起。しかし、戦いに敗れてメキシコに亡命していたのです。

ゲバラはカストロの話を聞いて深く感銘を受け、ともに戦うことを誓います。ただ、ゲバラは医者ですから、当初は軍医としての参加でした。

1956年、彼らはついにキューバに向けて船で出発します。ひそかに上陸して現地の仲間と合流し、首都ハバナを攻略する手はずになっていました。

ところが、港で待っていたのは政府軍。ゲバラたちは散り散りになってしまいます。その際、こんな出来事がありました。

突然の政府軍の攻撃に、仲間のひとりが弾薬箱を置いて逃げてしまったのです。それを目にしたゲバラは一瞬迷います。彼はその時、大事な医薬品を抱えていて、それ以上の物を持って逃げるのは無理だったからです。

戦うためには弾薬は欠かせない。しかし、傷ついた兵士を助けるためには医薬品も必要だ。さあ、どっちを選ぶべきか……。

結局、ゲバラが選んだのは弾薬箱でした。彼が革命戦士として生きるという道を選んだのはまさにその時だったのかもしれません。

心理学に『**ダブルバインド**』という用語があります。「二重拘束《こうそく》」と訳されていますが、**「二つの矛盾した課題を押しつけられた時に覚える拘束感や、ストレスのかかる状態」**を表わす言葉です。

「自主的に動け」と言われて自分なりに考えて何かしようと思ったら、「勝手にするな」と叱られると、「じゃあどうすればいいの」という気持ちになります。

そうした時に感じる圧迫感も、ダブルバインドによるものです。

ただし、物は使いようで、ダブルバインドはうまく活用すれば相手の選択肢を意図的にしぼることで、相手の判断をコントロールすることができます。

たとえばランチ時、選択肢が多すぎて迷いに迷っている人がいたら、「定食屋とコンビニの弁当だったら、どっちがいい?」と二者択一で尋ねてみるのです。たくさんあった選択肢が二つにしぼられるので、相手は断然答えやすくなります。

で、相手が「定食屋」と答えたら、「じゃ、○○食堂と△△亭のどっちにする?」と、また二者択一で問えば、すんなり目的地が決定するというわけです。


二者択一の選択をして戦士の道を選んだゲバラは、カストロとともに革命を成功させました。しかしその後、再び二者択一の選択をする日がやってきます。それは、このままキューバに残るか、自分の理想を追求するためにキューバを離れるかという選択でした。

結局、ゲバラは後者を選び、ボリビアで命を落とすことになるのですが……。

なぜ「古い写真」は心をザワつかせるのか

上野彦馬

写真はスマホで簡単に撮れる時代です。でも今から200年ほど前に銀板《ぎんばん》写真（ダゲレオタイプ）の写真機が発明されるまでは、人や風景を記録したければ絵に描くしか方法はありませんでした。

幕末の長崎に生まれた上野彦馬は、新しい西洋の技術を学びながら、独自の方法で写真技術を開発し、後に自身の撮影局（写真スタジオ）を開設した日本初ともいえるプロの写真家です。

当時の長崎は、西洋に唯一開かれていた窓口〝出島〟があったこともあって、西洋の知識や医学を学びたい人々にとっては憧れの地でした。

彦馬はそこで生まれ育った上に、父親が輸入されたばかりの銀板写真で薩摩藩主の島津斉彬《なりあきら》の写真を撮った人でしたから、写真に興味を持つのは至極当然のことだったかもしれません。

ただし、**彦馬が興味を持ったのは父親が持っていた銀板写真ではなく、それより新しい技術である湿版《しっぱん》写真でした。**

というのも、銀板写真は左右反転した像になるだけでなく、複製不可能な一枚限りの写真となるからです。湿版写真はその欠点がなく、1枚のネガから何枚でもプリントできたのです。

そんな夢の写真機の存在を知った彦馬は独自に研究するとともに、来日していたスイス人写真家ロシエに師事して写真のための化学を学ぶ日々を送ります。

そして文久2（1862）年、24歳で念願の「上野撮影局」を開くことになります。

このスタジオで被写体になった人の中には、坂本龍馬、高杉晋作、桂小五郎、伊藤博文といった幕末の立役者たちがぞろぞろ！

中でも、坂本龍馬の全身像はマスコミ媒体でもよく取り上げられるので、ご覧になった方も多いことでしょう。

当時の写真機はまだまだ精度が悪く、1枚の写真を撮るのに10秒くらいの時間を要したそうです。つまり、被写体になる人は10秒間じっと我慢の子で、まばたきも厳禁ということ。でも、それってかなり難しいことです。

そのため龍馬の写真のように台にヒジを置いたり、首や体を支える道具などを使ったりして体が動かないように工夫していたのだとか。

そうやって苦労して撮った写真を、龍馬は焼き増しして名刺代わりに配っていたといいます。龍馬は撮影時にブーツを履《は》いていたほどのハイカラ好き。そんな龍馬らしいエピソードではあります。

龍馬の写真もそうですが、古写真には古写真ならではの魅力があります。写真を撮られた時代にこちらは生まれてもいないのに、なぜか懐かしさを覚えてしまうのです。

懐かしいという感情を心理学では『ノスタルジア』といいますが、この感情はほかの動物にはない人間特有のものだといわれています。

ある研究によると、人が懐かしさを感じやすいのは、心の少し落ち込み気味の時だそうです。でも、懐かしさを覚えると、少しポジティブな気分になることがわかっています。

また、懐かしいと感じる時は、他の人に支えられているという〝社会的なつながり〟を感じる度合いが高くなるという結果もあります。

つまり、ノスタルジアには気分をうまく調整したり、人との絆《きずな》を深めたりする役割があるということ。

古写真を眺めていると、なんだか気持ちがほっこりする気がするのはそのせいかもしれません。

もし、あなたが今、メランコリーな気分であるとして（いや、そうでなくてもいいのですが）、パソコンやスマホが目の前にあったら、「上野彦馬」「古写真」で検索をかけてみませんか。

幕末から明治にかけての市井《しせい》の人々や有名人、そしてさまざまな風景が出てきますから、ノスタルジアにひたれることは間違いないと思われますので。

5章

もっと「生きやすい自分」に！

——心理学が見つけた「幸せへの最短ルート」

「しないでいられないこと」は何？

水木しげる

妖怪《ようかい》漫画の第一人者であり、日本に「妖怪文化」を根づかせたのが漫画家の水木しげるです。昭和29（1954）年に、紙芝居として発表された代表作『ゲゲゲの鬼太郎』は、以来半世紀以上にわたって漫画化、アニメ化、映画化、またフィギュア化されて、ファンを大いに楽しませています。

彼が〝目には見えない妖《あや》しげなもの〟に興味を持ったのは、鳥取県の境港《さかいみなと》で育った少年期に、ある老婆と出会ったのがきっかけだったといいます。

ある日、家族に景山ふさという老婆が家政婦として加わったのです。境港では神仏に仕える人を〝のんのんさん〟と呼ぶ風習があり、かつて〝拝《おが》み手〟と呼ばれる祈禱師《きとうし》の妻だった彼女は、家族から〝のんのんばあ〟と呼ばれることになりました。

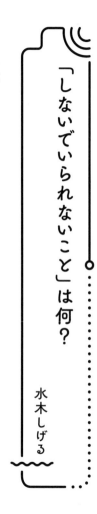

その〝のんのんばあ〟が寝物語に語って聞かせてくれるお化けや妖怪、地獄の話に水木少年は夢中になりました。そして、想像をふくらませてその姿を絵にして描きました。しかし、その時点では、まさか自分が妖怪漫画の描き手になるとは思いもしなかったことでしょう。

それが現実化したのは、空想の地獄ではなく本物の地獄を見た後でした。

太平洋戦争が始まり、ニューギニア戦線のラバウルに一兵卒として送り込まれたのです。でも戦況はすでに敗色濃厚。敵の攻撃から逃げまわるのが精一杯で、食糧さえも枯渇《こかつ》しがち。その上、空襲で左腕を失うなど、まさに地獄の日々でした。

なんとか命だけは助かって帰国。戦後、苦労して見つけたのが紙芝居の絵描きの仕事でした。でも、それは水木にとっては**「《大好きなこと＝絵を描くこと》を仕事にする」という幼い頃からの夢がまがりなりにも叶った瞬間**でした。

その後、妖怪漫画の大家になった水木ですが、その時の感動は忘れなかったようで、『水木サンの幸福論』という自著の中で、「何十年にもわたって世界中の幸福な人、不幸な人を観察してきた体験から見つけ出した、幸せになるための知恵」

を以下の七カ条にまとめています。

第一条　成功や栄誉や勝ち負けを目的に、ことを行なってはいけない
第二条　しないではいられないことをし続けなさい
第三条　他人との比較ではない、あくまで自分の楽しさを追求すべし
第四条　好きの力を信じる
第五条　才能と収入は別、努力は人を裏切ると心得よ
第六条　怠《なま》け者になりなさい
第七条　目に見えない世界を信じる

第一条で、水木は**「成功なんて時の運、成功しなくても全然ＯＫ！　成功しなくても楽しめることに熱中しよう。それが幸せになる早道だ」**といいます。

これについては、モチベーション理論の大家である心理学者のエドワード・デシも同じ意見を述べています。

ならば、「成功しなくても楽しめること」は何か。それは第二条の「しないで

はいられないこと」だというのです。水木にとっては、それが妖怪漫画を描くことだったのでしょう。

その楽しさを追求し（第三条）、好きの力を信じていれば（第四条）、多少裏切られることがあっても（第五条）、幸せは逃げていかない。

もし、何かで疲れたら、怠けたってかまわない（第六条）。本当の幸せとは、あくせく働くことばかりではないのだから。自分がつくり上げた想像の世界さえ信じていれば（第七条）、いくらでも軌道修正はきく……。水木はそう言いたかったのでしょう。

ならば、好きなことが見つからない場合はどうすればよいのか。

それに対して、水木はあるインタビューでこう答えています。

「それは、小さい頃に熱中したことを思い出すことですよ」

人生には時に苦しいことや思い通りにならないことが起きます。そんな時のためにも、この〝幸せの七カ条〟を心のどこかに留めておいてはいかがでしょう。

常識を疑ってみた先に……

アインシュタイン

「常識とは18歳までに身につけた偏見《へんけん》のコレクションのことをいう」

これは、ノーベル物理学賞を受賞した理論物理学者、アルバート・アインシュタインの言葉です。

私たちは、いつの間にやら〝常識〟というものを身につけてしまいます。

それは決して悪いことではありません。「これが常識だ」と思えば、それ以上考える必要はなくなりますしね。割り切ることは、ラクに生きるコツでもあります。

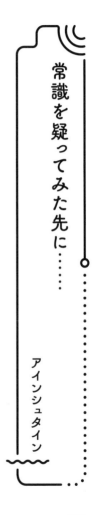

でも、アインシュタインは違いました。**彼は学校で教えられ、世の中で常識として通っていることが、本当にそうなのだろうかと考える人だったのです。**

そして実際に、それまでの常識が間違っているということをいくつも自分で発見した人でした。

たとえば、26歳の時に発表した「特殊相対性理論」がそう。

時間は相対的なものであり、伸び縮みするということを証明したのです。

それまでの常識では、時間は絶対的であり、常に一定の速度で進むと考えられており、世の中でもそう思われていました。それを覆してみせたのですから、世の中が騒然としたのも無理はありません。

アインシュタインは、幼い頃から好奇心の強い子どもだったようです。

そんなアインシュタインが自然科学に興味を抱くようになったのは、5歳の時。父親からもらった方位磁石がなぜ、決まって北を指すのかに疑問を持ったのがきっかけだったといいます。

そういえば、読者であるあなたにも幼少期に、「なんで？」「これはどうして？」と親に質問を浴びせかけては困らせた経験があるのではないでしょうか。

だいたい3歳頃になると親を質問攻めにする『なぜなぜ期』が訪れます。

心理学では『質問期』と呼ばれ、多くの子どもが通る一般的な成長段階の一つです。

その時期を過ぎて成長していくと、疑問が浮かんでも自分なりに解釈をして「そういうものだから」「それが普通」と納得して、知らず知らずのうちにアインシュタインのいう〝常識〟を私たちは身につけていきます。

いつまでも『なぜなぜ期』に留まっているアインシュタインのほうが特殊な人といえるのかも。

とはいえ、この『なぜなぜ期』の過ごし方いかんでは、その人の想像力や創造性の発達、また問題解決力に差が出ると児童教育の専門家はいいます。

人間の脳内の神経回路は、3歳頃には成人の80%程度まで発達するといわれています。『なぜなぜ期』は、そのできたてホヤホヤの脳に刺激を与えて鍛える大切な時期なのです。

だから子どもたちは盛んに「なぜ?」「どうして?」を連発して、さまざまなことを知覚・認識し、新しい情報を摂取しようとするのでしょう。

それにいちいち答えてあげられればいいのですが、忙しい時はついイライラして「んもう、あとであとで」とか「いい加減にして!」と突き放してしまうこともあります。

でも、そういう時こそ我慢のしどころ。面倒くさがらずにつき合ってあげたいものです。できることなら、答える側も楽しむつもりで。

難しい質問は必ずしも正しく答えなくてもいいので「なんでかな？」と一緒に考えたり、「自分だったらこう思う」と意見を共有したりするのがおすすめ。

子どもが興味を持ちそうな図鑑や本を使うのも妙手です。本を開くと、大人にとっても子どもにとっても楽しい時間になります。

また、見るだけで楽しめる図鑑は、疑問に対する答えだけでなく、新しい知識や関心を広げる情報と出会うチャンスでもあります。

新たな「なぜ？」を見つけて、大人と一緒に知識を探究する体験は子どもにとって特別なもの。「学ぶことって楽しい」と感じられるチャンスになるはずです。

時には「どうしてだと思う？」と聞き返してみてください。問い返されることで、子どもは思考力が鍛えられ、自ら能動的に考える能力を育《はぐく》むことができるからです。また、問題解決の方法を探究する力も身につけられます。

あなたも、未来のアインシュタインを育てるつもりで、子どもたちの「なぜ？」「どうして？」につき合ってみませんか。

「自己顕示欲の強い人」をどう扱う？

千利休

「日本でお茶を広めた人は？」と問われれば、誰もが千利休を思い浮かべるのではないでしょうか。「侘《わ》び茶」という茶の湯の形式を確立させ、「茶聖」とまで呼ばれた偉人です。

さらに信長や秀吉といった歴史上の権力者からの信頼を勝ち取り、戦国時代という乱世における癒《いや》しの場としての和の空間づくりに情熱を注いだ人でもあります。

そんな利休が信長と接点を持ったのは、51歳の時。天下統一を目指す信長が商業の中心地で利休の故郷でもある堺《さかい》に目をつけ、直轄地《ちょっかつち》にしたことがその始まりでした。**堺の文化、特に茶の湯に興味を持っていた信長は利休を重用《ちょうよう》します。**

信長としては、お茶を通して、戦しか能のない家臣たちに教養や礼儀作法を身につけさせたいという思いがあったのかも。

それ以上に熱心だったのが、全国の高価な名茶器を買い集めることでした。名器の判定をするのは利休の役目でしたから、自然と利休の株も上がっていきます。

信長は後に本能寺で命を落とすことになりますが、事件の当日にやるはずだったのは全国の名茶器を集めての大がかりな茶会でした。志半ばでたおれた信長でしたが、名だたる茶器とともに炎に包まれて、ある意味では本望だったかもしれませんね。

そんな信長以上に利休を重用したのが、後継者の秀吉でした。

天正13（1585）年、利休が64歳の時、秀吉は天皇から関白を拝命します。その返礼として行なわれたのが「禁中献茶《きんちゆうけんちゃ》」という茶を立てる会でした。

それを取り仕切ったのが利休で、成功させた褒美《ほうび》として天皇から贈られたのが「利休」という名前でした。この頃が利休の絶頂期だったのかもしれません。

ただ、ボタンの掛け違いも確実に生じ始めていました。

秀吉が黄金の茶室をつくるなど豪奢《ごうしゃ》な趣味に興じたのに対し、利休の真骨頂は侘び茶にありました。あくまで簡素で経年変化もよしとする〝わびとさび〟に日本の美意識を見出した利休に、秀吉はしだいに不満を持つようになります。

利休のこだわりは茶室のつくりにも表われていました。入り口である「にじり口」をあえて小さくしたのです。

入り口が狭いと武士も刀を置き、頭を下げて入らざるを得ません。茶室内では立場の上下はない。それが利休の茶の道だったのです。権力を誇示することを生きがいとする秀吉と相容《あいい》れなくなるのは時間の問題だったと思われます。利休が秀吉の命令で切腹して果てたのは、絶頂期から数えて6年後のことでした。

それにしても、信長にしても秀吉にしても、他の武将たちにしても、なぜこんなに利休に入れ込んだのでしょう。

それは心理学でいえば『**スノッブ効果**』が働いたからだと思われます。

自分が他人とは違うことを誇示するために、他人の持っていないもの、他人が手に入れることができないようなものを手に入れたいと願う人間心理をいいます。

この心理には「他人とは違う自分でいたい」というだけでなく、「他人に見せびらかしたい」という顕示欲求も含まれます。

考えてみれば、信長にしても秀吉にしても、そして他の戦国武将たちにしても、自己顕示欲の塊《かたまり》のような人物ばかりです。

誰もが他人の持っていないものを手に入れようと躍起《やっき》になっていました。彼らにとってその究極のものが〝天下取り〟だったのでしょう。

利休は、そんな彼らがノドから手が出るほどほしがるものを提供することができました。入手困難で貴重な茶器もそうだし、武術のこと以外は子どもなみの荒くれどもに知識と教養、そして品格を供与できるのですから、「人よりも上に立ちたい」「見栄を張りたい」と考える人にはまさにうってつけの人材だったのです。

残念だったのは、武将たちは自己顕示欲を満たすことさえできれば、それ以上のことは望まなかったこと。

利休の残した言葉に次のようなものがあります。

「釜一つあれば茶の湯はなるものを　数の道具をもつは愚な」

こうした利休の茶の湯の本質まで理解できた人ってどれほどいたでしょう。

つい見栄を張ってしまう私たちも、自省する必要があるかもしれませんね。

だから、第一印象は大事！

土方歳三

幕末という激動の時代を駆け抜けた新選組。彼らの多くはその戦いの中で命を落としましたが、幕府への忠義に殉《じゅん》じたその生き方は、今も人々の心を惹きつけてやみません。

中でも女性の人気ナンバー1の志士といえば、やはり新選組副長・土方歳三《ひじかたとしぞう》ではないでしょうか。

新選組は鳥羽・伏見の戦いで多くの仲間を失った後も、旧幕府方の有志集団として戦いを続けました。

けれど、局長の近藤勇は慶応4（1868）年4月に流山で新政府軍に投降し、板橋で斬首《ざんしゅ》されてしまいます。すでに旧幕府軍の敗色は濃厚でした。

それでも、土方歳三はその後も東北各地を転戦し、榎本武揚《えのもとたけあき》らによる箱館政権に参画して、最後まで幕臣として時代に抗《あらが》い続けます。その不屈の精神に心服する人も多いと思われます。

でも、この人の魅力はそれだけではありません。

特に、幕末の歴史好きの女性のハートをつかんで離さないのは、土方歳三を写した1枚の写真が現存するからです。

写真の土方は、「鬼の副長」として周囲に恐れられていたという男とは思えないほど、涼しく凛々《りり》しい顔をしているのです。

それは、明治元（1868）年に終焉《しゅうえん》の地である箱館で撮影された土方歳三の姿。フロックコートに鎖《くさり》つきの懐中時計をつけたベスト、首には白いマフラーをあしらい、ボリュームのある髪は風になびいているようにも見えます。

ついこの間までだんだら染めの羽織りで京の町を闊歩《かっぽ》していた新選組副長とは思えないモダンな姿をしているのです。

人は視覚から多くの情報を得ます。視覚からイメージをふくらませます。そして、ロマンをかき立てられます。

土方歳三という人は、情け容赦《ようしゃ》なく剣を振り下ろす武闘派武士の一面とは別に、そのイメージを見事に覆す柔和な一面も持ち合わせているのです。そのギャップにハートをわしづかみにされてしまう人は、読者の中にも大勢いるのではないでしょうか。

心理学の世界では、**『初頭効果』**といって**相手の顔をひと目見た時の第一印象がその後の評価を大きく左右することがわかっています。**

初頭効果という言葉の生みの親は、アメリカの心理学者ソロモン・アッシュ。1946年に行なった実験で、「人間は最初にインプットされた情報を優先する性質がある」と提唱したことがきっかけで広まりました。

それだけファーストコンタクトが重要だということです。

たとえば、就活における人事担当者と就活生のファーストコンタクトは、履歴書に添付する証明写真。ですから、第一印象をよくするためにも証明写真の出来栄《ば》えは、あなたが想像する以上に重要なのです。

ためしに、第一印象の心理研究で有名なアレクサンダー・トドロフ博士の著書を参考にして土方歳三の写真を改めて見てみると、その魅力の一端がわかります。

博士によると、自分の顔写真を撮る時は、軽く目を細めるほうが印象がよくなるといいます。なぜなら、軽く目を細めると自信があるように見え、相手にもくつろいだ印象を与えられるからです。

無理に目を見開いて大きく見せようとするのは、逆効果になるというのです。写真の土方歳三の目はやや伏し目がち。戦場の最前線にいるとは思えないほど優し気で、くつろいでも見えます。

また、右向きの顔の写真は、前進・可能性・希望といったポジティブな印象を伝えることができ、左向きの顔は、後退・現状維持・過去といったややネガティブな印象を持たれてしまうのだとか。

土方の右向きの顔は、「たとえ敗色濃厚でも、まだ希望は失わないぞ」という強い意志を見る人に感じさせてくれるというわけです。

第一印象は、本人も意識していないほんの一瞬で決まります。それだけに、初めて見る顔写真の持つ意味は計り知れません。

ご自分の写真をＳＮＳに載せることがあったら、土方歳三を見習ってみてはいかがでしょう。

「認めてもらいたい」相手への効果的アプローチ

春日局

春日局《かすがのつぼね》といえば、日本史の中でも5本の指に入りそうな女傑です。

なにしろ、徳川家光を第3代の将軍にした立役者として知られていますし、大奥の基盤をつくり、その全般を取り仕切った人でもあったからです。その権力は老中をもしのいでいたといいます。

そんな春日局ですが、人生の前半は苦労の連続であったようです。

幸せな幼年期を過ごしたのは4歳まででした。というのも、彼女の父である斎藤利三は明智光秀の家来で、本能寺の変にも出陣していたからです。

本能寺の変の後、利三は光秀とともに豊臣秀吉に敗れて処刑されてしまいます。それを機に、彼女は「裏切り者の娘」と呼ばれ、各地を転々とする日々を送ることになってしまうのです。

彼女の名前は〝福〟。なのに、その名前とは縁遠い暮らしが続きました。

ただ、母方の家柄がよかったので、書道、歌道、香道《こうどう》など教養全般は身につけたようで、それが家光の乳母《うば》選定時にも大いに役立ったようです。

その後、結婚をし、子宝にも恵まれて、やっと平穏無事な人生を歩み始めたと思ったら、今度は夫が無職（浪人）に。

そんな時、2代将軍徳川秀忠の子・家光（幼名は竹千代）が生まれ、乳母の募集があり、お福は一大決心をして採用試験に挑みます。そして、見事に合格。

乳母は、母親代わりとして身分の高い人の子どもを世話する、当時の女性たちにとって憧れの職でした。しかも、家光の乳母ともなれば、エリート中のエリートです。

いよいよお福の人生にも光明が射《さ》してきたかと思われましたが、竹千代の弟の国松が生まれたことで、再び暗雲が立ち込め始めます。

次期将軍の後継者争いが勃発したのです。

竹千代は病弱で内気。それに対し国松は丈夫で活発な子だったので、2人の母である正室のお江《ごう》は国松ばかりを可愛がり、竹千代は跡継ぎ候補から外されそうになってしまいます。

そこで敢然《かんぜん》と立ち上がったのがお福でした。竹千代を将軍にするべく、彼女はあの手この手で策を打ちます。

たとえば、好き嫌いの激しい竹千代に提供したのが〝七色飯〟でした。目の前に七種類の味のご飯を並べて、竹千代に選ばせるようにしたのです。

結果、竹千代は選ぶことに楽しみを覚えて、しだいに好き嫌いを減らし、健康にもなっていったといいます。

それでも状況が変わらないと見た福は、覚悟を決めて行動に出ます。

それは、秀忠の父で大御所である家康に直訴するという当時の女性としては考えられない行動でした。

心理学には、自分の心をさらけ出すという意味で『自己開示』と『自己呈示』の二つの用語がありますが、**前者が「素直に自分の心の内を表に出す」のに対して、後者は「ある目的を持って自分の内なる声をさらけ出してアピールする」というもの。**

お福は、家康にとっては孫であり、自分にとっては我が子同然の竹千代の将来のために決死の覚悟で『自己呈示（アピール）』したのでしょう。

その甲斐あって、家康の助言もあり、竹千代が次期将軍となることが決定します。竹千代改め、3代将軍家光が誕生することになったのです。

でも、お福には肩の荷を下ろす暇はありませんでした。

家光は女性に興味を持たなかったのです。

将軍となれば、跡継ぎが必要となります。そこで、お福は家光が興味を持ちそうな女性を片っ端からスカウトし始めます。それが〝大奥〟の基礎となりました。

ちなみに、「大奥は将軍以外は男子禁制」という掟《おきて》をつくったのもお福でした。

家光を偶像化、つまりアイドル化してしまったのです。

大奥の女性たちにとって家光は唯一無二《ゆいいつむに》のアイドルですから、偶像を崇拝するごとくに仰《あお》ぎ見ながらも、あわよくば将軍様に見初《みそ》められようと必死になりました。アイドルに夢中になる心理は今も昔も変わらないということです。

まさに、お福の目論見通りになったということ。

ちょうどその頃、朝廷から春日局という称号を賜《たまわ》ったお福は、名実ともに大奥のトップとして君臨していくことになるのです。

「ぱおん」「ぴえん」……若者言葉を活用　宮沢賢治

「どっどど　どどうど　どどうど　どどう　青いくるみも吹きとばせ」
（『風の又三郎』より）

「天の川の向うにさめざめと光りながらだんだんうしろの方へ行ってしまい」
（『銀河鉄道の夜』より）

「どってこどってこどってこと、変な楽隊をやっていました」
（『どんぐりと山猫』より）

どれも宮沢賢治の作品の一節ですが、彼の作品にはこのように「どっどど　どどうど」「さめざめ」「どってこどってこ」といった不思議なオノマトペが次々と登場します。そして、それが独特の宮沢ワールドをつくり出す手伝いをしているのです。

オノマトペというのは、物事の状態を表わす擬態語（ふっくら、すべすべなど）、音を言葉で表わした擬音語（ガチャン、ドカンなど）、人や動物の発する声を表わした擬声語（ワンワン、ブーブー）などを総称した言葉。もともとの語源は、古代ギリシア語の「onoma（名前）」と「poiein（つくる）」が融合してできた「onomatopoiia（オノマトポイーア）」に由来するとされています。

賢治の童話、『風の又三郎』の冒頭で出てくる「どっどど　どどうど」という音の響きからは、強い風がものすごい力で吹きつけていることを生々しく感じますよね。

オノマトペはイメージ喚起度の高い言葉なので、それを多用することで読む人に物語の世界をより深く想像させることができるのです。賢治はそれを知っていたからこそ多用したのだと思います。

日本語はオノマトペの種類がとても豊富です。オノマトペなしでは日常会話がかえって不便になってしまうくらい日常的に使われています。

たとえば何かを食べた時、「感想は?」と聞かれたら、「外側はサクサクで、中はモチモチっていうか、いやトロトロかな」といったふうにおいしそうに感じるオノマトペを並べているはず。

もしオノマトペがなかったら、食レポの芸能人は感想が言えなくて押し黙ってしまうのではないでしょうか。それほど私たちはオノマトペのお世話になっているということです。

このように、**音によってイメージするものに影響が出る現象のことを音声学や心理学では『音象徴《おんしょうちょう》』と呼んでいます。**

たとえば、「水がボタボタとこぼれる」と、「水がポタポタとこぼれる」ではイメージする水のこぼれ方に違いを感じますよね。濁音《だくおん》のボタボタのほうがたくさんの水がこぼれているイメージがあります。同様に、「カタカタ鳴る」と「ガタガタ鳴る」では、濁音の入ったガタガタのほうが音が大きく感じます。

つまり、濁音には「大きい」「重い」「強い」といったイメージを与える効果がある。どんなオノマトペを使うかで、相手の印象を操作できるということです。

また、オノマトペは非常に造語力があります。簡単に新しい言葉を生み出すことができるのです。

その典型例が漫画。「ガガガ」「ドーン」「バシッ」といったものから、「グヮシーン」「チュドォン！」「ブホボボッ」といった耳慣れないものまで、誌面はオノマトペのオンパレードです。それが漫画特有のグラフィック的なデザインで描き込まれているので、読者は絵以上に惹きつけられてしまいます。

そんな漫画を読んで育つからでしょうか、若者発信の流行語にもオノマトペがいっぱいです。「ぴえん」や「ぱおん」もその例。若者たちは知らないうちにオノマトペの造語力を活用しているわけです。

その先駆者が宮沢賢治だったといえるのかもしれません。

賢治が生まれ、亡くなるまでを過ごした当時の岩手は、地震や津波が多く、加えて天候不順で周期的に不作、凶作を繰り返す厳しい土地柄でした。

そんな故郷を賢治は「イーハトーブ」と名づけて愛しました。これは賢治による造語で、心象《しんしょう》世界にある理想郷を指す言葉でした。

賢治が独特なオノマトペを多用したのは、自分が思い描いたイーハトーブを読者にもより深くイメージしてもらうためだったのかもしれません。

誰でも心の中に「ピーターパン」がいる

マイケル・ジャクソン

「知ってるかい？　飛べるかどうかを疑った瞬間、人は永遠に飛べなくなるってこと」

これは、ディズニーアニメ『ピーターパン』で、飛べるかどうか不安になっているウェンディにピーターが言って聞かせる言葉です。

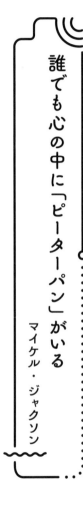

常識で考えれば、人間が空を飛べるはずはありません。でも、それはあくまでも大人の常識であって、子どもの世界では空を飛ぶことなど造作もないことなのです。

ウェンディは、子どもから大人へ移行しつつある12歳の女の子。微妙な年頃です。だから不安になってしまったのですが、最後はピーターの言葉を信じて「私は空を飛べる」と念じます。すると、びっくり！　体が空中に浮き始めて……。

そんなピーターパンのお話が大好きで、大人になっても子どもの心を忘れずに、いつか空を飛べる日がくると信じていたと思われる世紀のスターがいました。「ジャクソン5《ファイブ》」の一員として兄たちと一緒に11歳でデビューして以来、ソロ活動に移行してからも常にポップス界の頂点に立ち続けた〝キング・オブ・ポップ〟、そうマイケル・ジャクソンです。

そんな彼の突然の訃報《ふほう》が飛び込んできたのは、2009年6月25日のこと。50歳という若すぎる死でした。マドンナなど同世代のミュージシャンがまだ現役バリバリですから、存命であればどんなにすばらしいパフォーマンスを見せてくれただろうと、思わず想像してしまいます。

そんなマイケルが、カリフォルニア州サンタバーバラ郊外に広大な土地を購入したのは1987年のこと。そこにつくられたのが「ネバーランド」でした。

その名は『ピーターパン』に登場する、子どもたちが永遠に大人に成長しない魔法の島からとられたものです。

ネバーランドには観覧車やジェットコースター、メリーゴーランド、子ども用の蒸気機関車、動物園などなど、子どもが夢中になりそうなアトラクションが満載されていたといいます。マイケルはそこに子どもたちを招待しては、はしゃぎまわる姿を見て悦に入っていたのだとか。

マイケルがいかにピーターパンとその世界を愛していたかが想像できるエピソードですが、大人社会からするとそれは〝異常な執着〟に見えたのかもしれません。マイケルは子どもへの性的ないたずらなどの嫌疑《けんぎ》で、子どもたちの親から訴えられてしまいます。

訴えた親たちからすれば、子どもたちの無垢《むく》な心が傷つけられたことへの代償を求めたかったのでしょうが、心が傷つけられたという意味ではマイケルも同様、いやそれ以上だったのではないでしょうか。

裁判は延々と続き、ほとほと嫌気がさしたマイケルは、大切にしていた場所ネバーランドを手放してしまいます。結局、裁判ではマイケルはすべての罪で無罪となり、捜査していたＦＢＩも、「10年以上調査しても虐待や児童性愛の証拠は見つからなかった」とする捜査ファイルを、彼の死後に公開しています。

「見た目は子供、頭脳は大人」というのは、人気アニメ『名探偵コナン』の主人公・江戸川コナンのキャッチフレーズです。その正反対の「見た目は大人なのに、中身は子供」……そんな人、特に男性が増えているようです。

大人の年齢に達し、体は立派な成人なのに精神的に大人になれない……、それどころか、大人になることを拒《こば》んでいる男性。

そんな男性のことをアメリカの心理学者ダン・カイリー博士は**『ピーターパン症候群』**と名づけました。

マイケルがそうであったとは言い切れません。それに、この症候群の特徴である「責任を取りたくない」「いつまでも馴《な》れ合いの世界で生きていたい」、そして「依存心が強く、怒りっぽい」といったところはマイケルからは感じ取れません。

子どもの頃からショービジネスの世界で働き始め、子ども時代を犠牲にしてしまったマイケルにとって普通の少年の暮らしは憧れであったと思います。

マイケルの願いは子どもたちに、自分が憧れ、追い求めながらも手に入れることができなかった宝物である子ども時代を提供したかった、ただそれだけだったと思うのですが……。

気分を上げるのは、こんなにカンタン！

オードリー・ヘプバーン

1950年代のハリウッドでは、マリリン・モンローやエリザベス・テーラーのようなグラマラスでセクシーな女優が人気でした。

そこに一躍登場したのがオードリー・ヘプバーン。グラマーとは真逆の華奢《きゃしゃ》なシルエットとピュアな魅力で映画界に新風を吹き込みました。

大きなアーモンド形の瞳にブルネット（濃い茶色）の髪、そしてバレエで鍛えた姿勢のよさや身のこなしは気品に満ちあふれていました。

また、ファンにとっては、映画の中での彼女のファッショナブルな姿も作品を観る上での楽しみとなりました。

そんな彼女のハリウッドデビュー作が『ローマの休日』（1953）でした。

イタリアのローマを表敬訪問した某国《ぼうこく》の王女が、過密で自由のないスケジュールに嫌気がさして滞在先の城を抜け出し、市内で出会った新聞記者と淡い恋に落ちるというお話。

ハリウッド映画のヒロイン像に新風を吹き込んだオードリーは、この作品で第26回アカデミー賞主演女優賞を受賞、初ノミネーションで受賞という快挙を成し遂げました。

それほど彼女の魅力が際立っていたということですが、特に、王女が街にとけ込むためにプリンセスらしい長い髪を短くカットして変身するシーンは、女性ファンを虜《とりこ》にしました。

思い切ってショートにし、前髪も潔《いさぎよ》く切りそろえたヘアスタイルは、映画公開後「ヘプバーンカット」と呼ばれ、日本でも大流行したといいます。

そういえば**オードリーの初期の主演作は、主人公がいろいろな意味で変身していくストーリーが多い**のが興味深いところ。

『ローマの休日』では、王女がティーンエイジャーの普通の女の子に変身しますし、『麗《うるわ》しのサブリナ』（１９５４）は、大富豪の家のお抱え運転手の娘が2年間のパリ生活から戻ってくると、見違えるような美女になっていたというお話。

その変身ぶりに、ハンフリー・ボガートとウィリアム・ホールデン扮《ふん》する富豪の兄弟はひと目で心を奪われてしまいます。

また、『マイ・フェア・レディ』（1964）は、下町生まれの粗野《そや》で下品な言葉づかいをする花売り娘が、言語学者のヒギンズ教授によってレディに仕立て上げられ、社交界にデビューするという、まさに変身物語の王道をゆく作品でした。

変身願望は誰もが持ち合わせているもの。子どもたちがアニメのヒーローやお姫様などに変身するのが大好きなのも、変身することで現実では叶わない夢、たとえば空を飛んだり、お菓子の家を手に入れたりすることができるからです。

大人になればなるほど、それは夢の中でしか叶えられないことがわかってきて、その願望は心の奥にしまい込んでしまいます。

でも、決して忘れたわけではないので、オードリーの作品のような変身物語を観ると、思わず心が躍り出すのです。**まるで自分も映画の主人公になったような気分になってしまいます。**心理学で『**同一視（同一化）**』と呼ばれる現象が起きてしまうのです。

オードリーの変身物語が数十年経った今も愛され続けているのは、映画を観ている間は彼女と自分を同一視して幸せな気分にひたれるからなのでしょう。

また、先述したように『ローマの休日』公開後には「ヘプバーンカット」が大流行しましたし、『ティファニーで朝食を』（1961）公開後には、主人公と同じようにクロワッサンをかじりながら街歩きをするのがブームになったりもしました。

それは、主人公と自分を心理的に同一視するだけでなく、同じファッションを身につけたり同じ行動をしたりすることで、新たな自分を見出せたような気分になれるからです。

心理学に**『自己拡大』**という言葉があります。これは、**まわりの人からの評価によって、今まで気づかなかった自分の美点や長所に気づかされること。**すると、自分の可能性が広がったように感じて幸せな気分になれます。

「コスプレをすると気分が上がる」という人がいるのも、ハロウィンパーティが盛り上がるのも、新たな自分を見出して自己拡大ができるからなのでしょう。

「コスプレする勇気はないけれど、そういう気分は味わってみたい」という人は、オードリーの作品をご覧になってみてはいかがでしょう。

手っ取り早く「自己肯定感」を高めるには

葛飾応為

「男もすなる日記というものを女もしてみんとてするなり」

これは、平安時代の歌人・紀貫之《きのつらゆき》が書いた『土佐日記』の出だしの有名な一文ですが、この人の場合は「男もすなる浮世絵というものを女もしてみんとてするなり」ということになるのでしょうか。

葛飾応為《かつしかおうい》。世界一有名な浮世絵師といっても過言ではない、あの葛飾北斎の娘です。

応為の父である葛飾北斎は、その奇行を伝える逸話には事欠かないほど破天荒な人物でした。数え90歳で亡くなるまで、向上心を忘れず画業に勤しみ、70年余りに及ぶ作画活動で風景画や花鳥画、美人画、戯画《ぎが》、肉筆画など、多彩なジャンルの絵を描いています。

そんな天才的な父を間近で見て育ったせいでしょうか、応為（名はお栄）も絵には人一倍関心がありましたし、見よう見まねで描いてもいたようです。

でも、それが結婚生活では不都合な結果を招いてしまいます。

応為は父親と同じ絵師の家に嫁《とつ》いだのですが、どうしても夫の絵と父親の絵を見比べてしまいます。そして、ついつい正直に辛辣《しんらつ》な意見を述べてしまい、結局は離縁ということになってしまうのです。

実家に戻ってきた応為は再び父・北斎と暮らすことになりますが、性格も生活スタイルも、2人はとてもよく似ていたそうです。

性格は男勝《まさ》りで豪放磊落《ごうほうらいらく》。また、父と同じく清貧を好み、粗末な食事や身なりで生活することを恥とも思っていませんでした。

なにしろ絵にしか興味がないので、食事はつくらず総菜物を買ってきてすます日々。画業に専念していると掃除をする暇もないので、家の中はゴミだらけ。

そんな人間が家の中に2人もいるのですから、家はあっという間にゴミ屋敷に。

そして、ゴミに埋もれた生活に耐えられなくなると、すぐ転居。北斎は生涯でそれを繰り返すこと、なんと93回だったというのですから驚きです。結婚していた時期を除いて、父と暮らしていた応為もそれにつき合ったことになります。

応為の仕事は、もっぱら父の補佐役。応為自身の作品として認められるもので現存しているものは、わずか十数点しかありませんが、父との共作や、北斎の作品とされるものの中にも応為の手によるものがあることが近年明らかになっています。

特に、応為の描く美人画は、父・北斎も一目置いていたようです。

また、応為は父にはない表現方法も独自に編み出していました。それが「光と影」を強調した作風です。

当時の浮世絵は平面的で明るい色調がほとんどでしたが、応為は西洋の絵のように陰影をつけた立体感のある肉筆画を描いたのです。その絵を見た後世の専門家が「東洋のレンブラント」と呼んだほどです。

いわば絵の天才が2人して狭い長屋に同居していたわけですが、親子の関係はどうだったのでしょう。天才同士だと反発し合うこともあったかもしれませんものね。

でも、この2人に関してはその心配はなかったようです。

性格も生活スタイルも似たもの同士ですし、互いの才能を認め合ってもいました。応為という画号からして、互いを「おーい、おーい」と呼んでいたからそう名づけたといった洒落た逸話も残っているほどです。

「父娘関係と女子青年の Self–Esteem・自己受容」という心理学的研究を発表した九州大学の春日由美氏によると、父親に対して、怖い、厳しい、頑固、近寄りがたいというイメージを持っている娘は、自分に自信が持てないといいます。

逆に、**自分は父親の役に立っている、頼りにされているというイメージを持っている娘は、自分に自信を持てるということが明らかになっている**のだとか。

応為はまさに後者だったと思われますから、この親子は江戸の町を転々としながらも、仲よく充実した創作活動の日々を送っていたのではないでしょうか。

「三日坊主」の自分を責めない

伊能忠敬

伊能忠敬《いのうただたか》といえば、江戸時代、日本国中を測量してまわり、初めて実測による日本地図を完成させた人として有名です。

忠敬は二歩で一間《いっけん》（約181・2センチ）という歩幅（諸説あり）で日本中を歩きまわったといいます。そうやって歩いた距離は3万5千キロ、約4千万歩にもなるのだとか。

驚くのはその地図が描く海岸線が現代の地図と比較しても見劣りしないほど正確であること。幕末にその地図を見たイギリス海軍が舌を巻いたほどでした。

そして、それまでの「おかしな髪型で剣を振るうしか能のない劣った民族」という日本に対する認識を改めたといいます。

そんな伊能忠敬ですが、意外と知られていないことがあります。

それは、日本の地図づくりは彼の隠居《いんきょ》後の仕事だったということです。現代でいうところのリタイア後の第二の人生、老後のライフワークだったのです。

忠敬は、延享2（1745）年に現在の千葉県九十九里町で生まれ、17歳で婿《むこ》養子に入って伊能家当主となり、酒造業を営むかたわら、飢饉《ききん》にあえぐ村人のために名主《なぬし》や村方後見《むらかたこうけん》として活躍していました。

その後、家督《かとく》を息子に譲り、一念発起して江戸に出たのが50歳の時。寿命の短かった時代ですから、50歳といえば普通なら隠居して孫の世話や庭仕事でもするのがせいぜい。でも、忠敬は違いました。趣味にしていた暦学《れきがく》をさらに学ぶため江戸へ出た彼は、天文学者・高橋至時《よしとき》に弟子入りをし、猛勉強を始めます。

そして、それが日本中を歩いての地図づくりにつながっていくのです。というのも、正確な暦をつくるためには、正確な地球の大きさや緯度を知る必要があったからです。

つまり、**55歳の時、江戸から蝦夷地《えぞち》（北海道）まで歩いて測量したのは、正確な暦をつくるためだったのです。地図は副産物だったということです。**

地図をつくったのは、なかなか資金を出してくれない幕府を「蝦夷地をロシアなど他国から守るためには、正確な地図が必要だ」といって丸め込むためでした。

1回目の江戸〜蝦夷地の測量で、正確な地図をつくることの重要性を認識した幕府は、忠敬にその後も測量ならびに地図づくりを続行するよう命じます。

結局、忠敬と測量隊は合計10回、17年間にわたって日本中を歩きまわりました。文化13（1816）年、10回目の測量が終わると、忠敬は地図の作成にかかりましたが、そちらも難しく時間のかかる作業でした。

忠敬はそのうち、体調を崩しがちになり、2年後、地図の完成を見ることなく、74歳で亡くなってしまいます。忠敬の遺志を継いだ者たちが地図を完成させたのは、それから3年後の文政4（1821）年のことでした。地図は「大日本沿海輿地《よち》全図」と名づけられ、幕府に献上されました。

それにしても、一生をかけても大変な大事業を、老後の17年間でやり遂げた忠敬には頭が下がります。

人生100年といわれる現代。会社勤めの人が定年を迎えた後も、人生にはまだ30年以上の歳月が残されています。それだけにセカンドライフをいかに楽しく有意義なものにするかは重要な課題です。他人事ではありませんよね。

セカンドライフを充実させるためには、忠敬のように何か目標を持つことが大切ですが、問題は若い頃ほど気力・体力が続かないこと。そのせいで、「さあ、やるぞ」と始めても、三日坊主で終わってしまうこともしばしばです。

大事なのは、そうやって続かなかった時に、できなかった自分を責めないこと。何の工夫もなくモチベーションを維持するのはとても難しいことなので、自分は人よりも意志が弱いんだと落ち込む必要はありません。

それより、三日坊主になっても、そんな自分を許してマイナスの感情をなくすことが大事。そうすることを心理学では『セルフコンパッション』といいます。

セルフコンパッションとは、**自身の長所と短所を認め、どんな状況でも、あるがままの自分を肯定的に受け入れられる心の状態にすること**をいいます。

リタイア後は、やる気になかなかスイッチが入りません。気持ちがネガティブになってしまうとなおさらです。

三日坊主に終わらせたくないのであれば、忠敬もやっていたセルフコンパッションの方法がおすすめです。それは日記をつけること。書くことで悩みやストレスを吐き出し、自分を客観視することもできるからです。

（了）

本書は、本文庫のために書き下ろされたものです。

「世界《せかい》のすごい人《ひと》」が使《つか》った心理学《しんりがく》

著者　清田予紀（きよた・よき）
発行者　押鐘太陽
発行所　株式会社三笠書房
〒102-0072 東京都千代田区飯田橋3-3-1
電話　03-5226-5734（営業部）03-5226-5731（編集部）
https://www.mikasashobo.co.jp
印刷　誠宏印刷
製本　ナショナル製本

 ISBN978-4-8379-3032-7 C0130

王様文庫

王様文庫

心が深く見えてくる！
清田予紀の本

時間を忘れるほど面白い人間心理のふしぎがわかる本

なぜ私たちは「隅の席」に座りたがるのか——あの顔、その行動、この言葉に〝ホンネ〟があらわれる！　◎「握手」をするだけで、相手がここまでわかる◎よく人に道を尋ねられる人の特徴◎いわゆる「ツンデレ」がモテる理由……「深層心理」が見えてくる本！

「鬼滅の刃」で心理分析できる本

あのキャラの言葉、佇まいは、なぜ心に刺さるのか？　◇竈門炭治郎は「自分を鼓舞する天才」　◇煉獄杏寿郎に学ぶ「メンタル強化法」　◇女性が我妻善逸にクラッときてしまうワケ◇胡蝶しのぶと冨岡義勇の〝恋の確率〟　◇鬼舞辻無惨が仕込んだ「呪い」の恐ろしさ

それ、「心理学」で説明できます！

世の中は、想像以上に「心」で動いている！　◎なぜ、人は行列に並びたくなる？　◎なぜ、仲のいい人とは〝雰囲気〟が似てくる？　◎何かに夢中だと、時間がアッという間なのはなぜ？　◎「短所」は、ホントに「長所」にもなる？　……身近な〝ミステリー〟が解けていく！

「プラス1秒」気分転換の心理学

「気持ちの切り替え」できていますか？　◎ふだん見えるところに何を置くかで……　◎「気にしない」ようにするから、ドツボにハマる!?　◎「うるさい」ほうが集中力が高まるワケ　◎相手が笑ったら、自分も笑ってみる　……一瞬でできるこの「心理効果」は面白すぎる！

K40110